essentials

Essentials liefern aktuelles Wissen in konzentrierter Form. Die Essenz dessen, worauf es als „State-of-the-Art" in der gegenwärtigen Fachdiskussion oder in der Praxis ankommt. *Essentials* informieren schnell, unkompliziert und verständlich

• als Einführung in ein aktuelles Thema aus Ihrem Fachgebiet
• als Einstieg in ein für Sie noch unbekanntes Themenfeld
• als Einblick, um zum Thema mitreden zu können

Die Bücher in elektronischer und gedruckter Form bringen das Fachwissen von Springerautor*innen kompakt zur Darstellung. Sie sind besonders für die Nutzung als eBook auf Tablet-PCs, eBook-Readern und Smartphones geeignet. *Essentials* sind Wissensbausteine aus den Wirtschafts-, Sozial- und Geisteswissenschaften, aus Technik und Naturwissenschaften sowie aus Medizin, Psychologie und Gesundheitsberufen. Von renommierten Autor*innen aller Springer-Verlagsmarken.

Nils Kiene · Thomas Schnell

Pathologisches Horten

Eine Einführung

 Springer

Nils Kiene
Walsrode, Deutschland

Thomas Schnell
Medical School Hamburg
Hamburg, Deutschland

ISSN 2197-6708   ISSN 2197-6716   (electronic)
essentials
ISBN 978-3-662-73376-9   ISBN 978-3-662-73377-6   (eBook)
https://doi.org/10.1007/978-3-662-73377-6

Die Deutsche Nationalbibliothek verzeichnet diese Publikation in der DeutschenNationalbibliografie; detaillierte bibliografische Daten sind im Internet über https://portal.dnb.de abrufbar.

Planung/Lektorat: Heiko Sawczuk
Springer ist ein Imprint der eingetragenen Gesellschaft Springer-Verlag GmbH, DE und ist ein Teil von Springer Nature.
Die Anschrift der Gesellschaft ist: Heidelberger Platz 3, 14197 Berlin, Germany

Wenn Sie dieses Produkt entsorgen, geben Sie das Papier bitte zum Recycling.

Was Sie in diesem *essential* finden können

- Darstellung der klinischen Präsentation des Störungsbildes des pathologischen Hortens.
- Die Einführung des aktualisierten Klassifikationssystems zeigt eine neue Betrachtung des Phänomens des pathologischen Hortens. Es ist nicht mehr eine Variante der Zwangsstörung sondern eine eigene diagnostische Kategorie. Änderungen gegenüber dem Vorläufersystem werden vorgestellt.
- Das diagnostische Vorgehen, diagnostische Fragebögen sowie relevante Differenzialdiagnosen werden besprochen.
- Erklärungsmodelle aus der integrativen biopsychosozialen Perspektive werden für das pathologische Horten präsentiert ebenso wie relevante epidemiologische Parameter und Verlaufsaspekte.
- Abschließend werden aktuelle und evidenzbasierte Behandlungsansätze besprochen.

Inhaltsverzeichnis

Abkürzungsverzeichnis

CBT kognitive Verhaltenstherapie
SNRI Serotonin-Noradrenalin-Wiederaufnahme-Inhibitoren
SSRI Selektive Serotonin-Wiederaufnahme-Hemmer
HD Hoarding Disorder

Einführung

1

1.1 Fallbeispiel

Ein 45-jähriger Mann namens Jörn begann bereits in der frühen Jugend mit dem Sammeln von Gegenständen. Seit etwa 15 Jahren bestehen deutliche Einschränkungen seiner Alltagsfunktionsfähigkeit. Zuvor waren beide Elternteile relativ plötzlich verstorben. Als der Mann vor vier Jahren eine Therapie aufsuchte, sammelte er unter anderem Zeitschriften, Videos, Flyer, Umschläge, Taschen, Quittungen, Lebensmittel, Getränke, Kugelschreiber und allerlei mehr. Die Wohnung war so zugestellt, dass nur noch ein Raum betretbar war. Auch dieser Raum war nur erreichbar, weil Jörn eine schmale Schneise durch die gegenstände angelegt hatte. Besuch empfängt er schon lange nicht mehr, weil er sich für sein Horten von Gegenständen schämt. Er kann aber auch nicht damit aufhören. Teils hat er den Eindruck, bestimmte Gegenstände noch einmal gebrauchen zu können, teils erlebt er eine emotionale Bindung oder Erinnerungen an Gegenstände, andere Dinge sammelt er einfach so, ohne dass er es begründen könne. Aber bei Versuchen, sich bestimmter Dinge zu entledigen, erlebt er eine massive aversive innere Anspannung und ein Gefühl, welches er als eine „starke sehnsüchtige Leere" beschreibt. Meist bleiben die Gegenstände dann in der Wohnung. Als sein Vermieter mit Kündigung drohte, kam Jörn in die Klinik mit einer Spezialstation für Zwangsspektrumsstörungen.

Im Rahmen einer kognitiven Verhaltenstherapie (CBT) wurde die Menge an Gegenständen gemeinsam mit der Patientin strukturiert und kategorisiert:

1. **Hobbymaterialien** (z. B. Zeitschriften): doppelte Exemplare wegwerfen,
2. **Gebrauchsgegenstände** (z. B. Taschen): komplett entsorgen,
3. **Dokumente** (z. B. Quittungen): nur 1 Jahr aufbewahren,

© Der/die Autor(en), exklusiv lizenziert an Springer-Verlag GmbH, DE, ein Teil von Springer Nature 2026
N. Kiene, T. Schnell, *Pathologisches Horten*, essentials,
https://doi.org/10.1007/978-3-662-73377-6_1

4. **Verbrauchsgüter** (z. B. Lebensmittel): nach Ablaufdatum entsorgen,
5. **Erinnerungsstücke** der Mutter (z. B. Rosenkränze): individuell besprochen.

Diese strukturierte Vorgehensweise wurde eingesetzt, um die Einsicht des Patienten zu fördern und eine Grundlage für den weiteren therapeutischen Prozess zu schaffen.

Die Fallvignette veranschaulicht den typischen Verlauf und die diagnostischen Herausforderungen beim **pathologischen Horten.** Besonders auffällig ist der schleichende Beginn der Symptomatik bereits in der Jugend sowie die **Verstärkung durch belastende Lebensereignisse,** wie hier der Tod der Eltern. Dies entspricht auch den empirisch gut belegten Verläufen in der Fachliteratur, die von einem chronisch-progredienten Verlauf berichten (Ayers et al. 2010).

Die therapeutische Herangehensweise mittels **kognitiver Verhaltenstherapie (CBT)** ist gut strukturiert und praxisnah. Die Unterteilung der gehorteten Gegenstände in Kategorien (z. B. Hobbymaterialien, Dokumente, Erinnerungsstücke) ermöglicht eine **schrittweise emotionale Distanzierung** und fördert die **Reflexion über die Bedeutung der Objekte.** Dies ist besonders wichtig, da Patient*innen mit Hoarding Disorder (HD) in der Regel eine **geringe Krankheitseinsicht** haben (Frost & Steketee 2010; Tolin et al. 2015).

1.2   Thema und Relevanz

Pathologisches Horten, oder auf Englisch *hoarding disorder,* ist eine psychische Störung, bei der Menschen große Schwierigkeiten haben, sich von materiellen Dingen zu trennen, unabhängig davon, wie viel diese Dinge tatsächlich wert sind. Das führt oft dazu, dass sich eine riesige Menge an Gegenständen ansammelt, was die Wohn- und Lebensräume stark einschränken und die Lebensqualität erheblich beeinträchtigen kann (Mataix-Cols et al. 2010). Pathologisches Horten wurde 2013 im DSM-5 aufgenommen und wird seither als eigenständige Diagnose betrachtet. Zuvor galt es als eine Variante von Zwangsstörungen. Im DSM-5 wird es, ebenso wie im neuen Klassifikationssystem der Weltgesundheitsorganisation (WHO), der ICD-11 (International Classification of Diseases), im Kapitel der sogenannten Zwangsspektrumsstörungen geführt. Damit wird das pathologische Horten von einem Subtyp der Zwangsstörungen zu einer eigenständigen diagnostischen Einheit, die eine gewisse Verwandtschaft mit den Zwangsstörungen aufweist (APA 2022). Das Thema ist aus mehreren Gründen relevant. In modernen Konsumgesellschaften, wo materielle Güter leicht erhältlich sind, steigt auch die Wahrscheinlichkeit, dass Horten zu einem ernsthaften Problem wird. Es wirkt sich nicht nur auf die Betroffenen selbst, sondern auch auf deren Angehörige, Vermieter:innen, Nachbar:innen und soziale Institutionen aus (Mataix-Cols et al. 2010; Tolin et al. 2008). Horten kann mit Verwahrlosung, Schädlingsbefall und Brandgefahr einhergehen, weshalb Behörden wie das Gesundheitsamt, soziale Dienste oder das Ordnungsamt in manchen Fällen eingeschaltet werden. Für die Soziale Arbeit besteht ein großer Handlungsbedarf, insbesondere wenn es um niedrigschwellige Hilfsangebote und aufsuchende Arbeit geht. In den Medien wird pathologisches Horten häufig auf eine sensationelle Weise dargestellt, etwa in Reality-TV-Formaten. Das trägt zur Stigmatisierung bei und erschwert ein differenziertes Verständnis der betroffenen Personen und ihrer Lebensrealität.

Pathologisches Horten
Pathologisches Horten ist eine anhaltende Schwierigkeit, sich von Besitz zu trennen, unabhängig vom objektiven Wert. Weggeben löst spürbares Unbehagen aus, Behalten wirkt kurzfristig entlastend. Typisch sind überfüllte Wohnbereiche und eine deutliche Beeinträchtigung zentraler Alltagsfunktionen.

Horten als Sicherheits- und Versorgungsproblem
Das pathologische Horten kann schwerwiegende Konsequenzen haben, die über rein ästhetische Aspekte weit hinausgehen. Horten kann Brandgefahr, Schädlingsbefall, Sturzrisiken und hygienische Probleme verursachen.

1.3 Historische Entwicklung der Störung

Pathologisches Horten, welches offiziell erst seit 2013 mit der Einführung des DSM-5 (APA 2013) als eigene psychische Störung anerkannt wird, ist als Phänomen schon länger bekannt. Bereits in der Antike wurden, ohne klinische Einordnung, Menschen beschrieben, die große Mengen an Dingen anhäuften und keine Bereitschaft zeigten, sich davon zu trennen. Bekanntheit erlangten die Collier-Brüder, die 1947 tot in ihrem Haus in New York aufgefunden wurden. Einer der Brüder kam durch die zunehmende Vermüllung zu Tode und sein Bruder verdurstete infolgedessen im vermüllten Haus. Bis auf den heutigen Tag wird dieser Fall als Beispiel für extremes Horten angeführt (Frost & Steketee 2010).

> **Historischer Extremfall**
> Der Fall der Collier-Brüder wird in der Literatur als Beispiel für extremes
> Horten genannt. Hilfreich für die klinische Einordnung daran ist vor allem,
> dass er zeigt, Horten ist nicht bloß eine Marotte. In schweren Ausprägungen
> können reale Gesundheits- und Sicherheitsrisiken damit einhergehen.

Lange Zeit stellte pathologisches Horten noch keine eigenständige Diagnose
dar. Es wurde als Subtyp oder Begleitsymptom anderer psychischer Erkrankungen
gesehen. Das galt sowohl für das amerikanische DSM-IV als auch für die ICD-10
der WHO (APA 1994; WHO 1992). Insbesondere wurde Horten als Subtyp der
Zwangsstörungen betrachtet oder als Symptom zwanghafter Persönlichkeitsstörungen. Aber auch begleitend bei Depressionen, Schizophrenien oder im Rahmen demenzieller Entwicklungen kann Horten als Verhalten auftreten und wurde
entsprechend als Begleitsymptom aufgefasst.

In den 90er-Jahren des 20. Jahrhunderts setzten sich neue Tendenzen in der Forschung durch. *Frost* und *Steketee* belebten die Diskussion um dieses Thema. Ihre
Studien aus kognitiv-verhaltenstherapeutischer Perspektive belegten, dass das
pathologische Horten wesentliche Unterschiede zu klassischen Zwangsstörungen
aufweist, etwa durch eine starke emotionale Bindung an Gegenstände, große Entscheidungsprobleme und eine ganz eigene Art der Informationsverarbeitung (Frost
und Steketee 2010).

Diese wissenschaftlichen Erkenntnisse mündeten darin, dass die sogenannte
„hoarding Disorder" im DSM-5 mit eigenen diagnostischen Kriterien als eigene
Diagnose aufgenommen wurde. Dies ebnete den Weg hin zur Entwicklung ver-
mehrter störungsspezifischer Forschung, aber auch zu störungsspezifischen Be-
handlungsoptionen (APA 2013).

1.4   Begriffsdefinition und verschiedene Bezeichnungen

Beim pathologischen Horten handelt es sich um eine psychische Störung, die sich
in der Unmöglichkeit äußert, Besitztümer wegzuwerfen, unabhängig von Ihrem
Wert. Dies führt dazu, dass sich Unmengen von Gegenständen ansammeln, was die
Wohnung oft unbenutzbar macht und auch soziale, berufliche und weitere gesundheitliche Probleme nach sich ziehen kann (American Psychiatric Association
2013). Nach DSM-5 ist diese Störung eine eigenständige Diagnose mit der Bezeichnung *Hoarding Disorder.* Zu den zentralen diagnostischen Merkmalen gehören (APA 2022):

- die anhaltende Schwierigkeit, sich von Besitz zu trennen,
- das Fühlen der Notwendigkeit, Dinge zu behalten,
- das aktive Horten, was zu erheblichen Beeinträchtigungen im Alltag führt.

Bevor diese Diagnose mit ihrer entsprechenden Bezeichnung existierte, gab es das Phänomen natürlich bereits in der klinischen Realität. In Ermangelung eines diagnostischen Konzepts haben sich diverse unterschiedliche Bezeichnungen entwickelt. Neben dem heute gültigen Begriff des „pathologisches Hortens" wurde es teils als „zwanghaftes Horten", „Hortungsstörung", „Messie-Syndrom" oder als „Desorganisationssyndrom" bezeichnet (Frost & Steketee 2010; Mataix-Cols et al. 2010; Dettmering & Pastenaci 2013). Umgangssprachlich dominiert der Begriff „Messie-Syndrom", was jedoch aus Sicht von Fachleuten ungenau ist und mit Stigmatisierung einher geht (Corrigan & Watson 2002).

Messie Syndrom – warum der Begriff problematisch ist
Der Begriff Messie Syndrom ist unscharf und stark stigmatisierend. Er vermischt sehr unterschiedliche Ursachen von Unordnung (z. B. Armut, körperliche Einschränkungen, kognitive Störungen) mit der Hoarding Disorder und erschwert dadurch eine saubere diagnostische Einordnung sowie eine respektvolle Ansprache Betroffener.

Im Bereich der Sozialen Arbeit und teilweise auch aus psychiatrischer Perspektive wird von einem „Desorganisationssyndrom" gesprochen. Dies dient der Fallbeschreibung, wenn das Horten mit kognitiven Einschränkungen oder Tendenzen zur sozialen Verwahrlosung einhergeht, beispielsweise im Alter oder bei Demenz (Theißen und Bojack 2009) um zwischen normalem Sammelverhalten und pathologischem Horten zu unterscheiden.

Bedeutung des Begriffs des Desorganisationssyndroms
„Desorganisationssyndrom" wird als Begriff genutzt, wenn Horten mit kognitiven Einschränkungen oder sozialer Verwahrlosung zusammen auftritt. Das kann z. B. im Zusammenhang mit höherem Alter oder bei (beginnender) Demenz sein. Dann geht es oft um Versorgung, Sicherheit und Alltagsfähigkeit, nicht nur um psychopathologische Symptomatik.

Eine weitere relevante Frage ist, inwiefern Horten einfach nur eine andere Bezeichnung für Sammeln ist:

Sammler:innen gehen zumeist gezielt und organisiert vor, während beim pathologischen Horten zumeist die klare Systematik fehlt. Wert oder Nutzen der Sammelobjekte spielen beim pathologischen Horten keine Rolle. Stattdessen wird beim pathologischen Horten eine emotionale Beziehungen zu den Objekten aufgebaut, oder es besteht Angst vor dem Verlust wichtiger Informationen („ich könnte es ja irgendwann einmal dringend brauchen") oder auch vor Kontrollverlust (APA 2022; Frost & Hartl 1996).

Unterscheidung zwischen Sammeln und Horten
Sammeln kann geordnet, thematisch fokussiert und funktional sein. Von Horten spricht man, wenn das Behalten nicht mehr zweckmäßig ist, Wohnraumfunktionen verloren gehen und der Leidensdruck bzw. die Einschränkung deutlich wird. Entscheidend ist nicht die Menge allein, sondern der Funktionsverlust und die Problematik, sich von den Objekten zu trennen

Symptomatik und Störungsbild pathologisches Horten

2.1 Beschreibung der Leitsymptome

Die klinische Leitsymptomatik manifestiert sich in anhaltenden Schwierigkeiten, sich von Gegenständen zu trennen, unabhängig von deren Wert. Dies führt zu einem übermäßigen Sammelverhalten einhergehend mit Überfüllung bzw. Vermüllung der Wohnung und erheblichen Beeinträchtigungen des Alltagslebens. Auch beschädigte, wertlose oder allgemein als Müll angesehene Dinge werden behalten. Betroffene weisen starke, für Mitmenschen nicht nachvollziehbare Ängste dahingehend auf, dass die Gegenstände irgendwann einmal noch zu gebrauchen wären. Viele Betroffene schreiben den Gegenständen auch einem hohen emotionalen Wert zu, der eine Trennung unmöglich macht (APA 2022).

Es wird zwischen aktivem Horten, das durch gezieltes Kaufen, Sammeln oder sogar Stehlen gekennzeichnet ist, und passivem Horten, bei dem Dinge nicht entsorgt werden, unterschieden. Die Palette der gehorteten Objekte ist groß und reicht von Kleidung über Verpackungsmaterial und Zeitungen bis hin zu Lebensmitteln und sogar lebenden Tieren. Oft geschieht das Sammeln ohne Plan und ohne gezielte Absicht (APA 2022; Frost & Hartl 1996). Es gibt viele unterschiedliche Phänomene des Hortens, und es ist nicht immer eindeutig zu klären, ob ein Verhalten unter Horten einzuordnen ist. Aus eigener klinischer Erfahrung ist ein Patient bekannt, der Worte sammelte. Bestimmte Worte, an die er sich erinnerte, die er hörte oder las, lösten bei ihm die Sorge aus, er könne das Wort vergessen, es aber irgendwann einmal benötigen, um etwas auszudrücken. Die Worte wurden auf Zetteln notiert und die Zettel in Tüten und Kisten abgelegt. Nach wenigen Tagen in der Klinik war das Zimmer restlos von Zettel-Behältnissen gefüllt. Hier stellte sich

N. Kiene, T. Schnell, *Pathologisches Horten*, essentials, https://doi.org/10.1007/978-3-662-73377-6_2

nachhaltig die Frage, ob das Phänomen als Horten, als Zwang oder als beginnende Psychose zu verstehen sei (persönlicher Bericht des Autors).

Aktives vs. passives Horten
Beim aktiven Horten werden Gegenstände gezielt erworben durch z. B. kaufen, sammeln, teils auch retten bzw. mitnehmen. Beim passiven Horten wird vor allem nicht entsorgt. In der Praxis liegen häufig Mischformen vor. Die Art des Hortens ist diagnostisch relevant, weil sich daraus unterschiedliche Ansatzpunkte für Interventionen ergeben.

Die Ansammlung von Gegenständen in der eigenen Wohnung schränkt wesentliche Wohnfunktionen wie Schlafen, Kochen oder Hygiene stark ein oder macht sie sogar unmöglich.

Das Horten hat ebenso oft tiefgreifende Auswirkungen auf das soziale und berufliche Leben der Betroffenen. Viele ziehen sich aus Scham zurück und meiden den Kontakt zu anderen, insbesondere das Einladen von Besuchern, was zu Einsamkeit und Isolation führen kann. Auch der Arbeitsplatz bleibt nicht unberührt, sei es durch eine verringerte Leistungsfähigkeit oder dadurch, dass das Sammelverhalten in den beruflichen Alltag übergreift. In extremen Fällen kann es sogar zu Mietkündigungen oder anderen drastischen Konsequenzen kommen, wenn die Wohnverhältnisse als unzumutbar angesehen werden.

Ordnung, Reinigung oder Entrümpelung geschehen meist nicht aus eigenem Antrieb, sondern nur unter Druck von außen, etwa durch Angehörige, Sozialdienste oder Behörden (Steketee und Frost 2013). Erschwert wird dies bei einigen Betroffenen aufgrund oft fehlender Einsicht in die eigene Erkrankung. Viele Betroffene sehen ihr Verhalten nicht als problematisch an und entwickeln rechtfertigende Begründungen, die psychopathologisch bereits als „überwertige Ideen" verstanden werden können. Dies sind Überzeugungen, die nur schwer korrigierbar sind, aber noch nicht die Kriterien eines Wahns erfüllen. Die ICD-11 liefert für alle Störungen, die dem Zwangsspektrum zuzuordnen sind, eine sogenannte Kodieroption (Specifier), um eine geringe oder fehlende Einsicht angeben zu können, ohne die Störungen sofort im Kapitel der psychotischen Störungen unterzubringen. Ein Grund dafür ist, dass dadurch verhindert werden soll, bei fehlender Einsicht direkt antipsychotische Medikation zu verordnen, was bei Psychosen leitliniengerecht wäre (APA 2022; Saxena 2008). Da innerhalb des Zwangsspektrums aber die Psychotherapie indiziert ist, möchte man die Störungen durch den Specifier vom schizophrenen Formenkreis fernhalten. Die fehlende Einsicht führt dennoch dazu, dass Hilfe von außen häufig störend, oder als Angriff wahrgenommen wird und entsprechend lange Zeit nicht wahrgenommen wird. Dazu kommt der Aspekt der Schamgefühle, der es Betroffenen erschwert, sich psychopathologisch anzuvertrauen. Ebenso werden Mitmenschen lange Zeit von der Wohnung Betroffener ferngehalten. Denn den Betroffenen ist durchaus bewusst, dass die vermüllte Wohnung für andere Menschen problematisch ist.

Wohnraumfunktion als klinischer Marker
Ein Kernproblem ist nicht Unordnung, sondern dass zentrale Wohnfunktionen ausfallen wie schlafen, kochen, Hygiene, sichere Wege. Spätestens wenn Räume nicht mehr nutzbar sind oder Risiken wie z. B. Brandgefahr oder Schädlingsbefall entstehen, wird Horten zum Versorgungs- und Sicherheitsproblem.

Zusammenfassend präsentiert sich das pathologische Horten als ein komplexes und schwerwiegendes Störungsbild, das tief in den Alltag und das Selbstverständnis der Betroffenen eingreift. Oft wird eine Behandlung erst unter erheblichem Druck von außen in Betracht gezogen. Zudem bleibt die Störung aufgrund von oft fehlender Einsicht und Schamgefühlen lange Zeit unentdeckt.

Beim pathologischen Horten handelt es sich insgesamt um eine psychische Störung, die durch das zwanghafte Sammeln von Gegenständen gekennzeichnet ist. Die Betroffenen können sich nicht von den Dingen zu trennen, unabhängig von ihrem Wert. Oft werden alte Zeitungen, Verpackungen oder defekte Gegenstände gesammelt. Viele der Betroffene empfinden ein Gefühl von Sicherheit oder Glück, wenn sie die Gegenstände behalten. Diese psychische Störung kann sich stark auf die soziale, berufliche oder familiäre Sphäre auswirken. In DSM-5 und ICD-11 wird pathologisches Horten als eigenständige Störung eingestuft.

Warum wegwerfen so schwer ist
Bei vielen Betroffenen ist die emotionale Bindung an Ihre Objekte hoch. Trennung oder der Gedanke daran löst Stress, Angst und Scham aus. Dazu kommen kognitive Verzerrungen. Nutzen wird überschätzt, Verantwortungsgefühle („das darf ich nicht wegwerfen" oder „das kann ich in Zukunft noch gebrauchen") verstärken das Festhalten. Dieses Zusammenspiel stabilisiert das Symptom, auch wenn die Folgen längst problematisch sind.

2.2   Psychiatrische Komorbiditäten

Das Auftreten von Komorbiditäten ist bei psychischen Störung eher die Regel als die Ausnahme. Zudem treten psychische Störungen umso häufiger komorbid auf, je schwerer sie ausgeprägt sind (Kessler et al. 2005). Etwa drei Viertel der Personen, die pathologisch Horten, haben mindestens eine weitere psychische Störung (Frost et al. 2011). Zu den am häufigsten beschriebenen Komorbiditäten des pathologischen Hortens gehören depressive Störungen, Angststörungen (insbesondere generalisierte Angststörung und soziale Phobie), Zwangsstörungen sowie Aufmerksamkeitsdefizit-/Hyperaktivitätsstörungen (Frost et al. 2011; Mataix-Cols et al. 2010; Tolin & Villavicencio 2011).

Die Depression ist generell eine der häufigsten komorbiden Erkrankungen bei psychischen Störungen (Plana-Ripoll et al. 2019). Sie kann sich bei pathologischem Horten sowohl als Folge der sozialen Isolation und Überforderung durch das Horten entwickeln, als auch als prädisponierender Faktor wirken. Besonders bei jenen Betroffenen, die unter dem Zustand ihrer Wohnsituation leiden, kommt es häufig zu verzweifelten, depressiven Zuständen, die nicht selten auch mit Suizidgedanken einhergehen (Gil-Hernández et al. 2025).

Sozialphobische Komorbidität kann oft sekundär auftreten, weil sich vom Horten Betroffene mitunter sehr für ihr Horten und den Zustand der eigenen Wohnung schämen. So resultieren interaktionelle Unsicherheiten, sozialer Rückzug bis hin zu manifesten komorbiden sozialen Phobien.

Die Differenzierung zwischen dem Horten und der komorbiden Zwangsstörung, zwei eigenständigen parallelen Störungsbildern (also einer Komorbidität), und einem einzigen psychopathologischen Geschehen, ist mitunter schwierig. Das liegt daran, dass beide Störungen eine gewisse Ähnlichkeit aufweisen und die Grenzen zwischen beiden Störungen durchlässig sind. Teilweise wird empfohlen, den Ich-syntonen Charakter beim Horten versus Ich-dystonen Charakter bei Zwängen als Rational für die Abgrenzung zu verwenden. Lassen sich unterschiedliche psychopathologische Phänomene differenzieren, die einerseits Ich-synton und andererseits Ich-dyston sind, könnte das für eine Komorbidität sprechen. Das Problem hierbei ist, dass viele Zwänge nicht Ich-dyston sind, wie sich am ICD-11-Spezifier „mit wenig oder fehlender Einsicht" zeigt.

Zwischen pathologischem Horten und ADHS sind komplexe Beziehungsdynamiken denkbar. Es ist möglich, dass Aufmerksamkeitsdefizite, fehlende Impulskontrolle und Schwierigkeiten bei der Alltagsorganisation das Horten verstärken, da es ein Gefühl von Kontrolle suggerieren kann. Umgekehrt resultiert durch das Horten aber eher ein Kontrollverlust durch das Chaos in der eigenen Wohnung. Dies wiederum verhindert das Ein- und Aufrechterhalten von klaren Strukturen, was bei ADHS relevant ist (Woody et al. 2014).

Neben diesen psychischen Erkrankungen sind auch körperliche und kognitive Beeinträchtigungen, insbesondere im Alter, als Komorbiditäten relevant. Einschränkungen in der Mobilität oder im kognitiven Funktionsniveau (z. B. bei beginnender Demenz) können das Horten zusätzlich verstärken, weil z. B. keine regelmäßige Haushaltsführung mehr möglich ist. In solchen Fällen ist die Abgrenzung zu einem sekundären Horten im Rahmen organischer Störungen erforderlich (APA 2022; Hwang et al. 1998; Mataix-Cols et al. 2010).

Da sich komorbide Konstellationen bei psychischen Störungen meist gegenseitig beeinflussen, und auf Therapie, Verlauf und Prognose der Psychopathologie Einfluss haben, ist eine differenzierte Diagnostik erforderlich. Den diagnostischen Prozess zu beenden, nachdem die primäre psychische Störung identifiziert ist, und eine Therapie einzuleiten, ohne in die Breite diagnostiziert zu haben (d. h. zumindest die klinischen Leitsymptome aller anderen psychischen Störungen abgefragt zu haben), kann daher als ein Kunstfehler bezeichnet werden (Kessler et al. 2005).

Komorbiditäten bei pathologischem Horten
Komorbidität ist bei psychischen Störungen eher Regel als Ausnahme. Das gilt auch für das pathologische Horten. Komorbiditäten beeinflussen sich gegenseitig, sind assoziiert mit dem Verlauf von Psychopathologie und damit mit der Prognose der psychischen Störungen. Daher ist es wichtig, das Abklären von Komorbiditäten in den diagnostischen Prozess zu integrieren.

Klassifikation, Diagnostik und Differenzialdiagnostik

3

3.1 Klassifikationssysteme ICD und DSM

Wie bereits beschrieben war pathologisches Horten lange Zeit kein eigenständiges Störungsbild. In der früheren Klassifikation der WHO, der ICD-10, wurde entsprechendes Verhalten als Symptom anderer psychischer Erkrankungen, etwa einer Zwangsstörung oder einer Persönlichkeitsstörung, interpretiert. Dies führte dazu, dass betroffene Personen häufig nicht adäquat diagnostiziert wurden und die notwendige Behandlung nicht erhielten (World Health Organization 1992; Mataix-Cols et al. 2010). Durch die Einführung der ICD-11, der neuesten Version der Internationalen Klassifikation der Krankheiten und verwandter Gesundheitsprobleme der Weltgesundheitsorganisation (WHO), die im Jahr 2022 international in Kraft trat, trat hierbei eine Veränderung ein. Pathologisches Horten ist damit als eigenständige Entität unter dem Begriff „Hoarding Disorder" und dem diagnostischen Code „6B24" diagnostizierbar. Die Diagnose ist im Kapitel der Zwangsspektrumsstörungen untergebracht, mit der Zwangsstörung als „Aushängeschild" des Kapitels.

Eine offizielle deutsche Übersetzung für die ICD-11-Diagnosen gibt es übrigens noch nicht. Deutsche Bezeichnungen sind daher bis dato lediglich plausible, aber dennoch freie Übersetzungen jeweiliger Autoren.

Neben der im vorigen Kapitel beschriebenen typischen Symptomatik betont die ICD-11, dass das pathologische Horten insbesondere auch dadurch gekennzeichnet ist, dass das Verhalten zumeist gravierende Auswirkungen auf den Alltag der Betroffenen hat, wie insbesondere überfüllte und nicht mehr nutzbare Wohnräume oder soziale Isolation (WHO 2022).

Das amerikanische Klassifikationssystem DSM-5 erkennt das pathologische Horten bereits im Jahr 2013 erstmals als eigenständige psychische Störung an.

© Der/die Autor(en), exklusiv lizenziert an Springer-Verlag GmbH, DE, ein Teil von Springer Nature 2026
N. Kiene, T. Schnell, *Pathologisches Horten*, essentials,
https://doi.org/10.1007/978-3-662-73377-6_3

Auch hier wird das Horten in einem Kapitel für Zwangsspektrumsstörungen eingeordnet. Die Diagnose stützt sich nicht nur auf das offensichtliche Horten selbst, sondern auf eine Reihe von Merkmalen. Dazu gehört beispielsweise:

- die anhaltende Schwierigkeit, Dinge wegzugeben, oft selbst dann, wenn sie objektiv keinen Wert mehr haben
- das starke innere Bedürfnis, diese Gegenstände aufzubewahren, was im Ergebnis nicht selten zu einem massiven Durcheinander führt
- Wohnbereiche oder Arbeitsplätze können so stark überfüllt sein, dass sie kaum noch genutzt werden können
- Damit verbunden sind meist auch ein deutlicher subjektiver Leidensdruck oder spürbare Einschränkungen im täglichen Leben (APA 2022)

DSM-5 und ICD-11
Pathologisches Horten wurde im DSM-5 bereits seit 2013 und in der ICD-11 seit 2022 (6B24) als eigenständige Diagnose im Zwangsspektrum verortet. Zuvor wurde pathologisches Horten anderen Störungsbildern subsummiert bzw. als ein Symptom anderer Störungen aufgefasst.

Beide Klassifikationssysteme liefern somit spezifische Diagnosekriterien für das Horten, was spezifische Forschung und störungsspezifische Therapie ermöglicht.

Beide Klassifikationssysteme bieten im Kapitel der Zwangsspektrumsstörungen über zusätzliche Kodieroptionen an, den jeweiligen Grad der Einsicht in den pathologischen Charakter der jeweiligen Symptomatik einzustufen. Der variiert jeweils zwischen „guter Einsicht" bis hin zu „gar keiner Einsicht / wahnhafter Überzeugung". Ein Unterschied zwischen den beiden Klassifikationssystemen besteht darin, dass nur das DSM-5 zusätzlich erlaubt, beim pathologischen Horten den Schweregrad als „leicht", „mittel" oder „schwer" einzuschätzen.

Grad der Einsicht bei Hoarding Disorder
Die ICD-11 ermöglicht es für Störungen aus dem Zwangsspektrum, den Grad der Einsicht anzugeben. Dies ermöglicht es, eine geringe oder fehlende Einsicht zu diagnostizieren, ohne die Störung im Spektrum der Psychosen einzuordnen. Damit kann verhindert werden, bei diesen Patienten vorschnell an antipsychotische Medikamente zu denken.

Aus therapeutischer Perspektive ist dies zudem bedeutsam, weil geringe Einsicht meist mit niedriger Änderungsmotivation, höherer Abbruchrate und stärkerem Bedarf an motivationaler Arbeit in der Behandlung einhergeht.

3.2   Diagnostische Kriterien

Die diagnostischen Kriterien für pathologisches Horten sind im DSM-5 und der ICD-11 festgelegt, jeweils in einem Kapitel der sogenannten Zwangsspektrumsstörungen.

Die zentralen Merkmale der Störung werden von beiden Klassifikationssystemen hervorgehoben und lassen sich wie folgt zusammenfassen (APA 2022; WHO 2022):

- Eine fortwährende Schwierigkeit, sich von Besitztümern zu trennen, unabhängig von deren objektivem Wert
- Trennung von Gegenständen führt zu erheblichem Unwohlsein
- Eine sich daraus ergebende Anhäufung von Besitz und Gegenständen, das die Nutzung von Wohnräumen aufgrund von Überfüllung erheblich beeinträchtigt
- Die Anhäufung von Gegenständen kann passiv erfolgen (z. B. Sammlung von eingehenden Flugblättern oder Post) oder aktiv erfolgen (z. B. übermäßiger Erwerb von kostenlosen, gekauften oder gestohlenen Gegenständen)
- Die Symptomatik erzeugt bei Betroffenen erheblichen Leidensdruck und/oder funktionale Beeinträchtigungen im sozialen oder beruflichen Alltag (APA 2022). Zusätzliche Spezifizierungen ermöglichen die Angabe, ob Betroffene gute, geringe oder fehlende Einsicht in die Problematik ihres Verhaltens haben.

Klinische Beobachtungen zeigen jedoch, dass bei vielen Patienten Symptome und Verhaltensweisen auftreten, die über die gängigen Diagnosekriterien hinausgehen. Eine starke emotionale Bindung an Gegenstände, die oft als Teil der eigenen Identität oder als Speicher persönlicher Erinnerungen wahrgenommen werden, ist ein typischer Bestandteil des pathologischen Hortens (Frost & Hartl 1996; Frost & Steketee 2010). Auch das Vermeiden, Entscheidungen zu treffen, ein idealistisches Streben nach Ordnung und Einordnung, ein unzureichendes Störungsbewusstsein sowie ein soziales Rückzugsverhalten, das aus Scham über die eigene Lebenssituation resultiert, gehören zu den damit verbundenen Verhaltensweisen (Frost & Hartl 1996; APA 2022; Hölzel und Berger 2024). Die diagnostischen Kriterien enthalten diese Elemente nicht ausdrücklich, obwohl sie für den Verlauf der Störung und ihre therapeutische Behandlung von Bedeutung sind. Ein weiteres Problem besteht darin, ein pathologisches und ein „nicht-störungswertiges" Sammelverhalten zu unterscheiden. In vielen Kulturen, auch in westlichen Gesellschaften, ist Besitz nicht nur funktional, sondern auch symbolisch aufgeladen. Dinge werden gesammelt, gehortet und aufgehoben, oft aus Gewohnheit, Sicherheitsdenken oder Nostalgie. Erst wenn das Verhalten zu funktionalen Einschränkungen oder erheblichem sozialen Rückzug führt, wird es aus klinischer Sicht als behandlungsbedürftig eingestuft. Diese Grenze zu ziehen, ist jedoch schwierig, da kulturelle, familiäre und ökonomische Rahmenbedingungen das Verhalten beeinflussen.

3.3 Messinstrumente für die Diagnostik pathologischen Hortens

Die Grundlage der psychiatrischen Diagnostik ist grundsätzlich die klinische Exploration. Eine reine Fragebogendiagnostik gibt es im Bereich der psychischen Störungen nicht. Es ist immer der klinische Eindruck des Diagnostikers nach der Exploration, der über Diagnosestellungen entscheidet. Fragebögen helfen aber dabei, klinische Eindrücke zu stützen oder eben nicht. Daher ist die Absicherung einer Exploration über validierte Fragebögen oder klinische Interviews sehr empfehlenswert. Als Interviewinstrument, welches zunehmend genutzt wird, hat sich das **Structured Interview for Hoarding Disorder (SIHD) etabliert.** Dabei handelt es sich um ein halbstrukturiertes Verfahren, das entwickelt wurde, um die Symptome einer HD entsprechend der DSM-5-Kriterien zu erfassen (Nordsletten et al. 2013). In der aktuellen Fassung von 2013 werden neben den Kernsymptomen weitere relevante Bereiche behandelt, z. B die emotionale Bindung an Objekte, wie auch die Gefahren durch überfüllte Wohnräume. Das SIHD stellt eine praktische Grundlage für die Diagnostik dar und ist gut im Gesprächsverlauf anwendbar (Nordsletten et al. 2013; Pertusa et al. 2013).

Das SIHD gründet sich auf sechs Hauptkriterien (A bis F), die nach DSM-5 für die Diagnose einer Sammelstörung gelten. Weiterhin existieren zwei Spezifikatoren, die das Störungsbild präzisieren.

Kriterium A umfasst die Schwierigkeit, sich von Dingen zu trennen, unabhängig ob sie objektiv nützlich oder wertvoll. Eine Frage im Interview lautet: *„Fällt es Ihnen schwer, Dinge wegzugeben oder auszusortieren?"* Wird diese Frage bejaht, wird meist weiter nachgefragt.

Kriterium B ist umfassender und hinterfragt den inneren Antrieb für das vorliegende Verhalten. Es wird erfragt, ob der Befragte aktiv Dinge behalten möchte, weil sie nützlich oder bedeutsam sind und wie sich der Gedanke auswirkt, etwas wegzuwerfen, ob hierdurch Stress oder Unbehagen auslöst werden. Im Fall der positiven Diagnostik sind beide Kriterien zu erfüllen.

Kriterium C behandelt die Auswirkungen auf die Wohnung, d. h., ob das Horten von materiellen Objekten Nutzung der Räume stark behindert. einschränkt. So kann es sein dass der Betroffene keinen Platz zum Kochen, Schlafen oder Duschen hat, weil überall Sachen gestapelt sind. Das Interview versucht hier zu eruieren, ob bestimmte Bereiche gar nicht mehr zweckentsprechend nutzbar sind.

Kriterium D ist auf die sozialen und funktionalen Folgen gerichtet. Hier wird die Frage gestellt: *„Hindert Sie das Horten daran, Besuch zu empfangen?"* oder

„Gab es schon Konflikte mit Angehörigen deswegen?" Ebenso sind berufliche oder organisatorische Einschränkungen, z. B. bei der Haushaltsführung möglich.

Kriterium E soll körperlich-medizinische Ursachen ausschließen. Es wird danach gefragt, ob in der Vergangenheit eine ernsthafte Kopfverletzung oder eine neurologische Erkrankung vorlagen. Dies dient dem Ausschluss hirnorganisch bedingten Verhaltens und der Abgrenzung von einer eigenständigen Hoarding-Störung zu.

Kriterium F dient der Klärung der Frage, ob das Verhalten durch eine andere psychische Erkrankung begründet ist, so durch Zwangsstörungen, bei denen das Sammeln Teil einer Zwangshandlung ist, oder Demenzerkrankungen, die kognitive Einschränkungen zur Folge haben (Nordsletten et al. 2013).

Zusätzlich zu diesen Kriterien enthält das SIHD zwei Spezifikatoren:

1. *Exzessives Erwerbsverhalten:* Hier werden die Schwierigkeiten beim Wegwerfen von Besitztümern bewertet und gefragt, ob gleichzeitig ein übermäßiger Erwerb von nicht benötigten Gegenständen vorliegt. Fragen hierzu lauten: „Erwerben Sie oft kostenlose Gegenstände, die Sie nicht benötigen oder für die Sie keinen Platz haben?" und „Kaufen Sie oft Gegenstände, die Sie nicht benötigen, sich nicht leisten können oder für die Sie keinen Platz haben?"
2. *Einsichtsspezifikator:* Es erfolgt eine Bewertung des Ausmaßes des Verständnisses und der Einsicht des Betroffenen. Es geht um das Verständnis, ob die Person eine gute, schlechte oder fehlende Einsicht in das vorliegende Verhalten hat.

Es wird empfohlen, das SIHD idealerweise im Haus oder der Wohnung der betroffenen Person durchzuführen, um den Grad der Unordnung bewerten zu können. Um das Ausmaß der Störung zu beurteilen, sollten Fotos des Wohnraums angefertigt oder auch andere Werkzeuge wie die Clutter Image Rating Scale genutzt werden. Dies ermöglicht dem Klienten, dem Kliniker oder einem anderen Beobachter, das Bild auf der Skala auszuwählen, das dem Zustand der Haupträume im Haus am besten entspricht. Das CIR enthält drei Sätze mit jeweils 9 Bildern, um den Grad der Unordnung in der Küche, im Wohnzimmer und im Schlafzimmer zu verdeutlichen (Frost et al. 2008). Somit fungiert das SIHD als ganzheitliches Instrument, um eine systematische und verlässliche Diagnose des Pathologischen Hortens zu stellen.

SIHD & Wohnraumbeurteilung (inkl. CIR)
Das Structured Interview for Hoarding Disorder (SIHD) wird idealerweise im häuslichen Umfeld durchgeführt, weil der Schweregrad oft erst im Wohnraum sichtbar wird. Zur Objektivierung kann die Clutter Image Rating Scale (CIR)genutzt werden. Bildserien helfen, einen Unordnungsgrad einzuschätzen und im Gespräch konkret zu machen.

Breite Verwendung findet auch der SI-R, ein Selbstauskunftsbogen mit den drei Skalen Schwierigkeiten beim Wegwerfen, Anhäufungsverhalten und Wohnraumunordnung.

Der Fragebogen „SavingInventory-Revised" (SI-R) wurde konzipiert, um Anzeichen von pathologischem Horten zu bewerten. Müller et al. (2009) haben diesen Fragebogen in deutscher Sprache überarbeitet. Er umfasst 19 Fragen, die sich in drei Hauptblöcke untergliedern: Unordnung (Clutter), Schwierigkeiten beim Wegwerfen (Difficulty Discarding) und Erwerb (Acquisition). Die Ergebnisse werden auf der Grundlage einer Likert-Skala zwischen 0 und 4 eingeschätzt (Frost et al. 2004).

Häufig wird die Bewertungsskala für Horten (HRS) verwendet. Die Hoarding Rating Scale (HRS) dient der Bewertung der Schwere des pathologischen Hortens. Sie umfasst fünf Fragen, die zentrale Symptome des Hortens abdecken: Schwierigkeiten beim Wegwerfen, übermäßiges Ansammeln, Unordnung, emotionaler Stress und funktionale Einschränkungen. Die Antworten liegen auf einer Skala von 0 bis 8, wobei höhere Werte auf schwerwiegendere Symptome hinweisen (Tolin et al. 2010). Das diagnostische Vorgehen kann durch praktische Fallvignetten begleitet werden, die es ermöglichen, gemeinsam mit der Zielperson zu spiegeln, welche Merkmale mit der eigenen Geschichte übereinstimmen und wo Unterschiede vorliegen. In diesem Zusammenhang wird z. B. mit Fotos von typischen Wohnsituationen gearbeitet, die dann gemeinsam besprochen werden: „Wie empfinden Sie diesen Raum?", „Könnten Sie sich vorstellen, sich hier wohlzufühlen?" oder „Welche Gegenstände würden Sie hier nicht loslassen und warum?"

Diese Vignetten helfen nicht nur bei der differenzierten diagnostischen Einordnung, sondern fördern auch die Selbstreflexion und die Bereitschaft zum Gespräch, besonders bei Personen mit eingeschränkter Einsicht.

SI-R/FZH und HRS

SI-R/FZH und HRS unterstützen die strukturierte Erfassung von Wegwerfproblemen, Erwerb, Unordnung, Belastung und Funktionsbeeinträchtigung. Sie eignen sich gut für Verlaufskontrolle, ersetzen aber nicht die klinische Exploration und bei Verdacht auf schwere Ausprägung, die Einschätzung des Wohnumfelds.

3.4 Differenzialdiagnostik

Differenzialdiagnostik oder Komorbidität?
Horten tritt häufig zusammen mit anderen Störungen aus dem Zwangsspektrum, Depressionen, Angststörungen, Persönlichkeitsstörungen und teils psychotischen Störungen auf. Nicht einfach ist dabei die Frage, ob es sich um Komorbidität oder Differenzialdiagnostik handelt. Zuordnungen nach dem Muster – „ich-synton" bedeutet Persönlichkeitsstörung, fehlende Einsicht bedeutet Psychose – greifen zu kurz. Denn diese Phänomene treten weit über die genannten diagnostischen Begrenzungen hinaus auf. Zusätzlich muss bei älteren Betroffenen sekundäres Horten im Rahmen kognitiver / organischer Einschränkungen geprüft werden.

Die differenzialdiagnostische Abgrenzung zu bestimmten anderen psychischen Störungen wie Zwangsstörungen, Depressionen, Persönlichkeitsstörungen und auch psychotischen Störungen ist bei pathologischem Horten diagnostisch oft eine Herausforderung. Auch ist darauf zu achten, zwischen einer harmlosen Sammelleidenschaft und einem pathologischen Verhalten zu unterscheiden.

Pathologisches Horten wird nicht selten bei Menschen mit Zwangsstörung (OCD) oder mit zwanghafter Persönlichkeitsstruktur (OCPD) beobachtet. Dabei stellt sich stets die Frage, ob es sich um eine Komorbidität handelt, oder um **eine** Störung. Dies stellt Diagnostiker vor differenzialdiagnostische Herausforderungen. Denn auch Studien kommen dabei zu unterschiedlichen Ergebnissen. Manche Experten sagen, dass Horten eine eigene Störung ist, andere sehen es eher als Teil oder Unterform von etwas anderem wie der Zwangsstörung. Der Rat, Ich-Syntonität bei Horten gegenüber Ich-Dystonität bei Zwängen als Abgrenzungskriterium zu nutzen, läuft ins Leere, da Zwänge nach heutigem Wissen nur in ihrer prototypischen Form Ich-dyston sind. Insbesondere bei schweren Ausprägungen wird die Zwangsstörung oft ich-synton. Gerade bei Zwängen mit wenig Einsicht ist zudem die Abgrenzung gegenüber dem psychotischen Formenkreis schwierig. Und das betrifft auch das pathologische Horten (APA 2022; WHO 2022).

Frommhold weist auf die Möglichkeit der Existenz eines sogenannten „schizo-obsessiven Subtyps" hin (Frommhold 2006). Unklar ist dabei, ob das Phänomen im Kern eher als Zwangsspektrum oder als Psychose betrachtet werden sollte. Entweder handelt es sich um eine besondere Form innerhalb des Zwangsspektrums,

bei der Betroffene die Grenze zum Wahn passieren. Auch könnten Zwangs-
gedanken mitunter ähnlich erlebt werden wie das Stimmenhören bei Psychosen.
Umgekehrt kann das PH als Variante einer Psychose betrachtet werden, in der
zwanghaft anmutendes Verhalten, wie beispielsweise das Horten, ein Gefühl von
Kontrolle vermittelt und von stärkeren psychotischen Dekompensationen schützt.

Epidemiologie und Ätiologie bei pathologischem Horten

4

4.1 Prävalenzen und Verlaufsaspekte

Pathologisches Horten findet in der Forschung zunehmend Beachtung. Schätzungen gehen davon aus, dass ca. 2 bis 6 % der Allgemeinbevölkerung unter dieser psychischen Störung leiden (Mataix-Cols et al. 2010; Nordsletten et al. 2013). Verschiede Studien verwenden jedoch unterschiedliche methodische Ansätze, wodurch die Prävalenzraten teilweise stark schwanken. Das betrifft insbesondere sämtliche Studien, die durchgeführt wurden, bevor es entsprechend DSM-5 und ICD-11 einheitliche diagnostische Kriterien gab. So kommen Postlethwaite et al. (2019) auf eine Bandbreite von 1,5 % bis 6 % der Gesamtbevölkerung. Obwohl die Datenlage noch ungenügend verifiziert ist, scheinen Männer und Frauen ähnlich häufig betroffen zu sein.

Es ist bemerkenswert, dass pathologisches Horten in unterschiedlichen Kulturen, sozialen Schichten und Altersgruppen vorzukommen scheint, obschon es altersspezifische Unterschiede gibt. Es handelt sich laut der International OCD Foundation um ein weltweit einheitliches Phänomen mit einheitlichen Symptommustern über kulturelle und ethnische Grenzen hinaus. Somit ist die Störung keineswegs ein Phänomen des sogenannten westlichen Kulturraumes oder der Neuzeit (Mataix-Cols et al. 2010; Nordsletten et al. 2013; Ayers et al. 2010).

N. Kiene, T. Schnell, *Pathologisches Horten*, essentials,
https://doi.org/10.1007/978-3-662-73377-6_4

Epidemiologie und Verlauf

– Prävalenzschätzungen liegen häufig bei ca. 2–6 %, je nach Methode und Stichprobe.
– Symptome beginnen typischerweise in Adoleszenz/jungem Erwachsenenalter, werden aber oft erst später klinisch auffällig.
– Häufig zeigt sich ein chronisch-progredienter Verlauf, besonders ohne Behandlung oder bei hoher Belastung.

Verlaufsaspekte

Das krankhafte Horten zeichnet sich in der Regel durch eine chronisch-progrediente Entwicklung aus (Grisham et al. 2006). In der späten Adoleszenz oder im frühen Erwachsenenalter treten die Symptome typischerweise auf (Grisham et al. 2006; Ayers et al. 2010; Külz 2021). Häufig werden sie erst im mittleren oder höheren Lebensalter klinisch relevant. Es gibt viele Fälle, in denen die Symptome im Laufe der Jahre zunehmen, vor allem dann, wenn keine Behandlung erfolgt. Erste Anzeichen des Hortens zeigen sich oft bereits im Alter von 11 bis 15 Jahren. Zu dieser Zeit ist das Verhalten jedoch in der Regel noch unauffällig und wird nur selten von den Betroffenen oder ihrer Umgebung als problematisch empfunden. Erst mit zunehmendem Alter, etwa ab Mitte 20, fangen die Symptome an, das tägliche Leben deutlich zu beeinflussen. Die diagnostischen Kriterien für eine Hoarding-Störung werden von vielen Personen ab ungefähr Mitte 30 erfüllt (Grisham et al. 2006; Ayers et al. 2010).

Insbesondere bei älteren Menschen im Alter von 55 bis 94 Jahren sind die Symptome stärker ausgeprägt. Untersuchungen deuten darauf hin, dass ältere Erwachsene fast dreimal häufiger davon betroffen sind als Jüngere zwischen 34 und 44. Die Symptome nehmen im Laufe der Zeit oft stark zu (Ayers et al. 2010; Grisham et al. 2006). Damit lässt sich auch erklären, warum viele Betroffene erst im höheren Lebensalter auffällig werden, wenn die Wohnverhältnisse zerrüttet sind und sie häufig mit einer Kündigung ihrer Wohnung konfrontiert sind, wie es auch in dem eingangs beschriebenen Fallbeispiel gewesen ist.

Ein verlaufsrelevanter Aspekt ist die Krankheitseinsicht der Betroffenen. Pathologisches Horten mit geringer oder fehlender Einsicht führt häufig zu einer mangelnden Therapieadhärenz und geringerer Veränderungsmotivation (Frost et al. 2011). Eine höhere Krankheitseinsicht korreliert hingegen mit besseren Therapieergebnissen und einer größeren Bereitschaft, entrümpelnde Strategien im Alltag umzusetzen (Steketee & Frost 2013).

Ein weiterer wichtiger Punkt hinsichtlich des Verlaufs ist die Komorbidität mit anderen psychischen Störungen (vgl. Abschn. 2.2). Je mehr Komorbiditäten bestehen, umso ungünstiger ist die Prognose. Auf der anderen Seite sind es häufig gerade die Komorbiditäten, die den Zugang zur Therapie ebnen (siehe nachfolgenden Kasten):

> **Komorbiditäten können bei pathologischem Horten den Weg zur Therapie bahnen**
> Komorbidität ist bei pathologischem Horten sehr häufig. Wie bei anderen psychischen Störungen verschlechtert Komorbidität die Prognose. Allerdings sind es bei pathologischem Horten oft gerade die Komorbiditäten, die den Weg zur Therapie ebnen. Denn das Horten ist teils sehr schambesetzt und führt Betroffenen daher nicht zur Therapie. Für viele Komorbiditäten gilt das nicht. Wichtig ist allerdings, dass die Therapeuten dann aktiv nach dem Horten fragen, da es von sich aus oft nicht berichtet wird.

Unbehandelt nimmt das Horten oft einen chronischen Verlauf, Spontanremissionen sind selten. Ein häufiges Begleitsymptom ist dabei der zunehmende soziale Rückzug. Viele Betroffene empfinden eine tiefe Scham über ihre Wohnsituation und entwickeln Angst, entdeckt zu werden. Das führt dazu, dass sie den Empfang von Besuch in ihrer eigenen Wohnung strikt vermeiden. Diese Art der Selbstisolation verstärkt wiederum die emotionale Abhängigkeit von den gehorteten Gegenständen, die oft als eine Art Sicherheit oder emotionaler Anker wahrgenommen werden (Frost & Hartl 1996; Külz 2021). Die soziale Isolation erschwert zudem den Zugang zu therapeutischer Unterstützung, und sie kann depressive Verstimmungen erzeugen oder verstärken.

Somit lässt sich feststellen, dass pathologisches Horten zwar einen relativ typischen Verlauf mit frühem Beginn und chronischem Fortschreiten aufweist, aber gleichzeitig von erheblichen individuellen Unterschieden geprägt ist. Diese Unterschiede betreffen das Verhalten als auch die Einsichtsfähigkeit, eventuelle komorbide Störungen, die psychosozialen Auswirkungen und die Zugänglichkeit zu Therapien.

4.2 Ätiologie und Erklärungsmodelle

Es gibt keine eindeutige Erklärung dafür, warum manche Menschen krankhaftes Horten entwickeln, während andere trotz ähnlicher Lebensumstände nicht davon betroffen sind. Die aktuelle Forschung geht vielmehr von einer multikausalen Ätiologie aus, bei der soziale, psychologische und biologische Faktoren miteinander in Wechselwirkung stehen (Frost & Hartl 1996; Mataix-Cols et al. 2010; Woody et al. 2014).

Aus der biopsychosozialen Perspektive stellt das Vulnerabilitäts-Stress-Modell bei psychischen Störungen das prominenteste Erklärungsmodell dar. Nach diesem Modell sind psychiatrische Störungen wie das pathologische Horten ein Wechselspiel von individuellen Anfälligkeiten, z. B. genetischen Anlagen, neurobiologischen Faktoren oder Traumata aus der Kindheit und externen Stressbedingungen wie einschneidenden Lebensereignissen, sozialer Ablehnung oder zerrütteten Familienverhältnissen (Zubin und Spring 1977). Dabei tritt zwischen diesen Faktoren eine Wechselwirkung auf. Wird eine bestimmte Belastungsgrenze erreicht, treten klinische Beschwerden auf. Dies bedeutet, dass nicht alle betroffenen Personen mit hoher Vulnerabilität klinische Symptome wie exzessives Horten entwickeln müssen (Zubin & Spring 1977). Ausgeprägte individuelle Resilienzfaktoren können zusätzlich eine erlebte Stressbelastung reduzieren und es ermöglichen, auch bei hoher Vulnerabilität ohne Ausbildung einer psychischen Störung zu leben.

Darüber hinaus können aktuelle Belastungen und kritische Lebensereignisse wie der Tod eines Angehörigen, eine Trennung, der Verlust des Arbeitsplatzes oder das Auftreten einer chronischen Erkrankung bewirken, dass sich bestehende Tendenzen zum Horten verschlimmern oder sogar in eine behandlungsbedürftige Form übergehen. Viele Menschen, die davon betroffen sind, geben an, dass sie während solcher Lebensphasen vermehrt damit begonnen haben, Sachen zu sammeln, sei es als Mittel zur Selbstberuhigung oder als Mittel zur Kontrolle in einer Welt, die als unsicher angesehen wird (Grisham et al. 2006; Frost & Hartl 1996). Belastende oder traumatische Lebenserfahrungen sind bei nahezu allen psychischen Störungen als Risikofaktor wirksam. Stressoren sind jedoch hochgradig unspezifisch in ihrer Auswirkung auf die mentale Gesundheit, d. h. sie erhöhen relativ allgemein die Prädisposition für psychische Störungen.

Die diversen theoretischen Herangehensweisen verdeutlichen insgesamt die Komplexität des pathologischen Hortens, das nicht ausschließlich durch kognitive oder emotionale Prozesse erklärt werden kann. Stattdessen spielen die persönliche Lebensgeschichte, Einflüsse aus der Familie, neurobiologische Grundlagen und soziale Kontexte eine Rolle. Ein integrativer Ansatz, der sowohl biografische Prägung, biologische Disposition, psychologische und umweltbezogene Dimensionen einbezieht, scheint daher besonders erfolgversprechend für eine effektive Therapie zu sein.

Vulnerabilität und Stress

Pathologisches Horten kann durch das Zusammenspiel von (angeborener oder erworbener) Veranlagung (Vulnerabilität) und belastenden Lebensereignissen (Stressoren) beeinflusst werden. Allerdings sind die Einflussfaktoren sehr unspezifisch. Weder gibt es ein Horten-Gen, noch den spezifischen Stressor, der eine pathologische Sammelleidenschaft auslöst. Somit verstehen wir aktuell noch nicht, warum jemand eine bestimmte Störung entwickelt. Der Zusammenhang zwischen Stressoren und Psychopathologie erklärt aber, warum sich Symptomatik einer bereits erworbenen psychischen Störung in stressreichen Zeiten verschlechtert, und bspw. im Urlaub deutlich verringert.

Verschiedene biopsychosoziale Parameter können aber in der Erforschung psychischer Störungen mit dem Auftreten bestimmter Störungen assoziiert werden und werden nachfolgend für das Horten subsumiert:

4.2.1 Biologische Einflussfaktoren

Neurowissenschaftliche Untersuchungen haben gezeigt, dass bestimmte Hirnregionen, vor allem der anteriore cinguläre Cortex und der Inselkortex, bei Besitzaktivitätsentscheidungen bei Menschen mit Hoarding-Störung überaktiviert sind. Auch im dorsolateralen präfrontalen Kortex, einem Bereich, der mit Fehlerbewertung, Entscheidungsfindung und Emotionsregulation verbunden ist (Tolin et al. 2009), wurden in weiteren Untersuchungen Auffälligkeiten festgestellt. Somit sind die deutlichen Entscheidungsprobleme beim Horten möglicherweise auch auf neurobiologische Ursachen zurückzuführen. Zumindest aber sind sie mit ihnen assoziiert.

4.2.2 Psychologische Einflussfaktoren

Die psychodynamische Erklärung für das pathologische Horten adressiert es als einen unbewussten Abwehrmechanismus gegen Einsamkeit oder traumatische Verlusterlebnisse. Im Rahmen dieser Herangehensweise werden Objekte symbolisch genutzt, zum Beispiel als Ersatz für emotionale Bindungen oder zur Festigung eines zerbrechlichen Selbstwertgefühls. Horten wird in diesem Modell also als Ausdruck tieferliegender emotionaler Konflikte betrachtet, nicht als irrationales Verhalten (Volkan 2021).

Die lerntheoretisch begründete kognitiv-behaviorale Perspektive versteht die Aufrechterhaltung des Problemverhaltens operant vermittelt, d. h. über negative Verstärkung. Indem ein Gefühl z. B. von Verlustangst oder Einsamkeit durch das Erwerben von Besitz reduziert wird, wird das Verhalten künftig mit erhöhter Wahrscheinlichkeit erneut gezeigt (Frost & Hartl 1996; Steketee & Frost 2013).

4.2.3 Umweltfaktoren

Soziokulturelle Sichtweisen beleuchten die gesellschaftlichen Rahmenbedingungen, die Horten zugrunde liegen können. In der modernen Konsumgesellschaft, in der Gegenstände leicht zugänglich sind und oft als Identitätsmarker dienen, wird das Ansammeln von Gegenständen gefördert. In dieser Logik wird Besitz als Ausdruck von Selbstwertgefühl und Zugehörigkeit betrachtet. Ein Aspekt, der das problematische Sammeln verstärken kann (Belk 1988; Frost & Steketee 2010).

Soziale Faktoren verfügen bei der Entstehung und Entwicklung des pathologischen Hortens über hohe Relevanz. Hierbei haben sowohl gesellschaftliches wie auch familiäres Umfeld Einfluss. Durch die epidemiologische Forschung wird aufgezeigt, dass das pathologische Horten insbesondere in isolierten, sozialökonomisch als niedrig eingestuften Milieus auftritt (Tolin et al. 2008; Nordsletten et al. 2013). Auch das Spannungsverhältnis zwischen den Generationen ist von Bedeutung. Hierbei kann ein überdurchschnittliches Kontrollbedürfnis seitens der Eltern oder eine Vernachlässigung die Wurzeln für Hortverhalten legen. In diesem Kontext kann pathologisches Horten als eine spezifische Bewältigungsstrategie angesehen werden, allerdings durch Fehlanpassung charakterisiert.

In der Jugend, in der die Verletzlichkeit besonders hoch ist, können familiäre Schwierigkeiten, traumatische Erfahrungen oder soziale Auseinandersetzungen mit Gleichaltrigen psychische Belastungen in somatischen Symptomen oder Verhaltensweisen wie dem Horten zum Ausdruck bringen. Gemäß Ludot-Grégoire et al. (2022) tendieren Jugendliche dazu, körperliche oder objektbezogene Ausdrucksformen zu verwenden, um inneren Stress auszugleichen, vor allem dann, wenn sie Probleme haben, Gefühle angemessen und transparent auszudrücken.

Entsprechend haben Untersuchungen ergeben, dass auch Personen, die an einer Hoarding-Störung leiden, öfter emotionale Vernachlässigung, Kontrollverlust oder den frühzeitigen Verlust von nahestehenden Personen erlebt haben. Gemäß Frost und Hartl (1996) ist zwanghaftes Horten häufig mit einer übermäßigen emotionalen Bindung an Besitz verbunden. Diese emotionale Bindung an Besitz, die per Definition weit über ihren objektiven Nutzen oder Wert hinausgeht, wird in der Literatur als „Hypersentimentality" bezeichnet. Gegenstände können dabei als Teil des Selbst erlebt werden und zudem Komfort und Sicherheit vermitteln, sodass das Weggeben als Verlust bzw. Bedrohung erlebt wird.

Chia et al. (2021) verweisen zusätzlich auf Befunde ihrer Arbeit, wonach eine negative frühe Familienumwelt, beispielhaft genannt wird geringere elterliche Wärme oder Traumaexposition mit stärkerer Hortensymptomatik zusammenhängt. Allerdings sind die Effekte im Schnitt noch stärker im Zusammenhang breiterer klinischer Symptomatik über HD hinaus.

Es lassen sich auch Häufungen des pathologischen Hortens in Familien feststellen. Wenn in der Familie bei Eltern oder Geschwistern die Hoarding-Symptomatik auftritt, sind auch andere Familienmitglieder gefährdet, an einem solchen Verhalten zu erkranken (Mataix-Cols et al. 2010; Samuels et al. 2008). Ob hier eher die genetische Prädisposition, gemeinsame familiäre Sozialisation oder komplexe Interaktionen zwischen beiden Parametern bedeutsam sind, konnte wissenschaftlich noch nicht final geklärt werden. Mit hoher Wahrscheinlichkeit haben jedoch beide Aspekte relevanten Einfluss (Saxena 2008). Die Betroffenen entwickeln eine hohe emotionale Bindung zu bestimmten Objekten. Die Aussicht auf eine Trennung von diesen Gegenständen ruft Stress, Angst und auch Scham hervor (Frost und Hartl 1996).

Dabei treten auch kognitive Verzerrungen auf. Der vorgebliche Nutzen bestimmter Gegenstände wird überbewertet, die Betroffenen fühlen sogar Verantwortung, bestimmte Dinge retten zu müssen. Somit fällt es ihnen unendlich schwer, sich von den Gegenständen zu trennen (Rodriguez & Simpson 2022).

Auch gesellschaftliche Krisen tragen zur Ausprägung hortenähnlicher Symptome bei. In ihrer Hypothese zum sogenannten *Pandemic-Response Syndrome* argumentieren Joffe und Elliott (2023, S. 1–29), dass kollektive Bedrohungserfahrungen, wie sie während der COVID-19-Pandemie verbreitet waren, durch angstauslösende öffentliche Narrative das Risiko für hortenähnliches Verhalten erhöhen können (Joffe und Elliott 2023, S. 5–6). Die wiederholte Konfrontation mit beunruhigenden Informationen über soziale Medien, Nachrichten oder offizielle Warnungen kann zu einer verstärkten Wahrnehmung von Bedrohung führen, welche sogenannte Nocebo-Effekte auslöst. Diese Effekte, also das Auftreten körperlicher und psychischer Symptome durch die Erwartung negativer Ereignisse ohne Vorliegen, organischer Ursachen zeigen sich beispielsweise in Form von anhaltender Erschöpfung, Konzentrationsstörungen oder Atemproblemen, aber auch durch übermäßiges Horten (Hamstern) als Reaktion auf eine als unkontrollierbar empfundene Bedrohung.

Behandlungsmöglichkeiten 5

Da das Störungsbild des pathologischen Hortens erst relativ spät in die Klassifikationssysteme aufgenommen wurde, kann hinsichtlich der Behandlung noch nicht auf eine breite Datenbasis zurückgegriffen werden. Selbstverständlich war das Phänomen klinisch Tätigen und Forschern bereits bekannt, bevor es als Diagnose definiert wurde. Entsprechend gibt es Untersuchungen, die bereits vor dem Jahr 2013 durchgeführt wurden. Dennoch war es schwierig, das Störungsbild und seine Behandlung einheitlich, d.h. auf Basis vergleichbarer Methodik zu untersuchen, bevor es klare diagnostische Kriterien dafür gab. So ist die Forschung der Störung verglichen mit den diversen „älteren" Diagnosen noch etwas in Kinderschuhen unterwegs. Wie bei allen psychischen Störungen wurde das Augenmerk bezüglich der Therapie des Hortens zunächst auf medikamentöse Therapie und Psychotherapie gelegt. Aufgrund der postulierten Verwandtschaft zwischen pathologischem Horten und Zwangsstörungen sind diejenigen Ansätze von besonderem Interesse, die bei der Zwangsstörung erfolgreich sind.

5.1 Psychotherapie

Innerhalb der Psychotherapie gibt es eine Reihe an vielversprechenden Ansätzen. Da es sich bei dem pathologischen Horten jedoch um ein relativ neues Störungsbild handelt, kann die Behandlung noch nicht abschließend bewertet werden.

Harm-Reduction-orientierte Vorbereitung
Zu Beginn der Therapie kann eine niederschwellige „harm-reduction"-orientierte Vorbereitung stehen, um akute Sicherheitsrisiken wie Brandgefahr in der Wohnung

durch Vermüllung (z. B. Papiermüll in Nähe des Herds) oder gesundheitliche Gefährdung durch Ungezieferbefall zu verringern (Steketee & Frost 2013).

Kognitive Verhaltenstherapie (KVT)
Die kognitive Verhaltenstherapie (KVT) ist derzeit der psychotherapeutische Ansatz, der die meiste Evidenz bei pathologischem Horten aufweist.

Das Hauptaugenmerk der KVT liegt auf der Korrektur kognitiver Verzerrungen sowie Expositionsübungen. Kognitive Verzerrungen betreffen bspw. unangemessene Vorstellungen hinsichtlich der Bedeutung von Besitztümern (z. B. „Ich brauche diesen Gegenstand, um mich an etwas Wichtiges zu erinnern") (David et al. 2021). Expositionsübungen betreffen insbesondere das Wegwerfen oder Weggeben von Gegenständen, das Aufräumen der Wohnung und das Nicht-Erwerben von Gegenständen. Diese Handlungen erzeugen bei Betroffenen eine höchst aversive Anspannung, aber auch Angst, Trauer oder Schuldgefühle (Steketee & Frost 2013). Diese werden so lange ausgehalten, bis eine Habituation einsetzt, bzw. bis das aversive Gefühl nachlässt. Dies ist meist gekoppelt an die korrigierende Erfahrung, den neuen Zustand aushalten zu können. Darüber hinaus werden allgemeine psychologische Kompetenzen vermittelt, die bei Betroffenen mit einer Hortensymptomatik gewisse Defizite aufweisen, bspw. das Treffen von Entscheidungen, Problemlösetraining und Strategien zur Emotionsregulation.

Die Behandlung führt durchschnittlich zu deutlichen Symptomrückgängen (prä–post: Hedges' g = 1,11). Dennoch erreicht nur ein Teil der Patienten eine Veränderung im Sinne einer Remission. Das heißt, häufig verbleiben Restsymptome, was in der Therapieforschung stets ein kritischer rückfallrelevanter Faktor ist. Belastbare Daten zur langfristigen Stabilität der Therapieeffekte fehlen bis heute noch (Rodgers et al. 2021).

Hintergrundinformation zu Effektstärken
Eine Effektstärke (hier Hedges' g) ist eine Größenangabe: Sie zeigt, wie stark sich etwas im Durchschnitt verändert (z. B. wie sehr Symptome nach einer Behandlung abnehmen). Je höher die Zahl, desto größer die durchschnittliche Veränderung.

- klein: etwa 0,2
- mittel: etwa 0,5
- groß: etwa 0,8 oder höher

Effektstärken sind Vergleichszahlen. Eine große Effektstärke kann auch entstehen, wenn man nur vorher vs. nachher in derselben gruppe und ohne Kontrollgruppe vergleicht. Sie zeigt dann eine Veränderung wenn vorhanden, aber nicht, wie viel davon wirklich auf die Intervention und wieviel durch andere Faktoren erklärbar wird.

KVT-Gruppentherapie bei pathologischem Horten

Eine Gruppentherapie (G-KVT) ist ein weiterer vielversprechender Ansatz, dessen Effektivität in einer systematischen Metaanalyse nachgewiesen wurde. G-KVT weist bei einer durchschnittlichen Rate klinisch bedeutsamer Veränderung von 36,7 % mittlere bis hohe Effektstärken (Hedge's g = 0.96) auf (Bodryzlova et al. 2019). Darüber hinaus können GruppenbehandlUngen durch Peer-Unterstützung motivierend wirken und einen kosteneffizienteren Zugang für eine größere Anzahl von Betroffenen bieten.

Integrative Weiterentwicklungen

In der aktuellen Literatur werden auch moderne therapeutische Weiterentwicklungen erörtert, die Elemente der verhaltenstherapeutisch orientierten *Dialektisch-Behavioralen Therapie (DBT)* oder der psychodynamisch orientierten *Mentalisierungsbasierten Therapie (MBT)* einbeziehen, um speziell Mängel in der Regulation von Emotionen und interpersonellen Fähigkeiten stärker anzugehen (David et al. 2021). Erste qualitative Untersuchungen belegen, dass eine große Anzahl von Betroffenen unter emotionaler Überforderung leidet und kaum über funktionale Strategien zur Bewältigung starker Gefühle verfügt (Taylor et al. 2019).

Ein neuer Ansatz aus der KVT ist die *Akzeptanz und Commitment Therapie (ACT)*, die weniger veränderungsorientiert arbeitet, sondern den Fokus auf eine an persönlichen Werten orientierter Lebensführung legt und mehr auf Akzeptanz und achtsame Grundhaltung fokussiert. Natürlich sollen Probleme nicht einfach passiv akzeptiert werden. Es geht vielmehr darum, sich ständig wiederholende dysfunktionale Prozesse (z. B. sich grübelnd im Kreis drehen) abzustellen, und die Dinge zunächst einmal in Ruhe anzunehmen wie sie sind. Aus der Ruhe kann sich so die Perspektive ändern, was Freiheitsgrade schaffen kann. Derart resultiert letztendlich dann meist Veränderung quasi durch die Hintertüre. Erste Studien zeigen, dass ACT-Elemente wie kognitive Defusion (sich aus inneren Verstrickungen herauslösen) oder Werteklärung Betroffenen helfen, ihre emotionale Bindung an Dinge zu relativieren und handlungsfähig zu bleiben (Twohig et al. 2017).

Humanistisch-klientenzentrierte Perspektive: Motivational Interviewing
Die kognitive Verhaltenstherapie gilt als der Goldstandard in der Behandlung pathologischen Hortens (Steketee und Frost 2013). Trotzdem respondiert eine beträchtliche Anzahl von Patienten*innen nicht hinreichend auf die entsprechenden Manuale, vor allem solche mit einem schweren oder chronischen Verlauf (Fernández de la Cruz et al. 2017). Somit stellt sich die Frage nach ergänzenden Interventionen. Häufig, wenn die klassischen Therapieansätze bei psychischen Störungen nicht ausreichen, entstehen neue störungsspezifische Konzepte, die meist integrativer Natur sind. D. h., die Therapie-Entwickler bedienen sich nicht nur innerhalb der Interventionen EINER Therapieschule, sondern suchen schulenübergreifend nach potenziell hilfreichen Interventionen, die dann zu einem neuen Konzept integriert werden. Beispielsweise entstanden entsprechende störungsorientierte integrative Ansätze für die Therapie schwerer Persönlichkeitsstörungen oder auch chronischer Depression. Da sich das pathologische Horten ebenso als eine Störung präsentiert, bei der die klassische Therapie nicht in befriedigendem Maße wirkt, gibt es ein Interesse an störungsspezifischen und integrativen Therapiemethoden.

Die Einbindung des humanistischen Motivational Interviewing (MI) in die Horten-Therapie stellt eine vielversprechende neue Methode dar. Das MI wurde entwickelt für Störungen, die mit fraglicher Änderungsmotivation und Ambivalenz einhergehen, wie problematischer Alkoholkonsum. Bei Störungsbildern, die mit wenig Einsicht einher gehen, ist die Änderungsmotivation selbstverständlich ebenfalls gering. So macht der MI-Ansatz Sinn, der beabsichtigt, die Bereitschaft zur Veränderung zu fördern und aufrecht zu halten (Patoilo 2023). Studien haben gezeigt, dass die Verwendung von MI als Zusatz zur CBT diverse förderliche Effekte mit sich bringt (Tolin et al. 2008).

> **Motivational Interviewing**
> Viele Betroffene sind ambivalent oder krankheitsuneinsichtig. Motivational Interviewing (MI) ist dafür gemacht Veränderungsbereitschaft aufzubauen, ohne Druck und ohne Konfrontation, um keine Reaktanz bei Betroffenen zu erzueugen. Als ergänzendes Element zur KVT kann MI helfen, Therapieadhärenz und Änderungsbereitschaft zu erhöhen.

E-Mental Health-Programme bei pathologischem Horten
Der Vorteil von E-Mental Health-Programmen ist dessen ortsunabhängige Einsatzmöglichkeit. Erste Ergebnisse zeigen intuitiv plausibel, dass diese Form der Behandlung besonders dann hilfreich ist, wenn Betroffene aus Scham oder Überforderung keine Praxis aufsuchen wollen. Beispielsweise wird Virtual Reality

Exposure Therapy (VRET) derzeit in Pilotstudien erprobt. Ein Effekt ist, dass bei Betroffenen durch realitätsnahe Szenarien mit veränderten Wohnraumsituationen die Veränderungsmotivation und Therapieadhärenz gestärkt werden können. Dies ist ein zentraler Bestandteil in der KVT (Chasson et al. 2020).

Interdisziplinärer Behandlungsansatz

Das Hoarding Task Force Model ist ein interdisziplinärer Behandlungsansatz, der insbesondere in den Vereinigten Staaten immer wichtiger wird. In diesem Zusammenhang kooperieren Therapeutinnen, Sozialarbeiterinnen, Ordnungsämter, Mietrechtsexperten sowie gelegentlich auch Feuerwehr oder Tierschutz an der Entwicklung von Lösungen (Bratiotis et al. 2011). Das Ziel besteht darin, die vielschichtigen psychosozialen, rechtlichen und gesundheitlichen Aspekte des pathologischen Hortens kooperativ zu behandeln. Auf diese Weise wurden in Ortschaften wie Boston und San Francisco Zwangsräumungen vermieden und langfristige Veränderungen erreicht (Bratiotis et al. 2011).

> **Task-Force-Modell**
> Bei schweren Fällen ist Horten oft gleichzeitig psychisch, sozial und rechtlich relevant. Task-Force-Modelle vernetzen Psychotherapie mit Sozialarbeit, Behörden und weiteren gesellschaftlichen Akteuren, um Risiken zu reduzieren und Zwangsräumungen zu vermeiden. Diese Versorgungsform ist realistisch bei hoher Gefährdung durch pathologisches Horten.

Fazit zur Psychotherapie

Zusammenfassend lässt sich festhalten, dass innovative und interdisziplinäre Therapieansätze den komplexen biopsychosozialen Charakter der Horten-Störung besser abbilden als monodisziplinäre Interventionen. Zukünftige Forschung sollte sich verstärkt auf integrative Behandlungsmodelle konzentrieren, die sowohl psychotherapeutische, sozialarbeiterische als auch technologische Komponenten kombinieren.

Abschließend ist weitere Forschung nötig, um die Wirksamkeit der Therapie zu verbessern, die Motivation zur Therapie bei Betroffenen zu fördern und differenzielle therapeutische Ansätze zu entwickeln für bestimmte Subgruppen bezüglich des Hortens, beispielsweise mit verschiedenen Komorbiditäten sowie in Abhängigkeit des Grads an Einsicht (Fernández de la Cruz et al. 2017). Bis dato ist der Ansatz mit der höchsten Wirkung und der besten Evidenz derzeit die KVT (Steketee und Frost 2013).

5.2 Pharmakotherapie

Die medikamentöse Behandlung beim pathologischen Horten steht noch ganz am Anfang. Trotzdem zeigt die Erfahrung aus der Praxis, dass einige Arzneimittel unterstützend wirken können, besonders dann, wenn eine rein psychotherapeutische Behandlung an ihre Grenzen stößt. Das ist der Fall, wenn Betroffene eine geringe Bereitschaft zur Psychotherapie zeigen, wenn die Symptomatik besonders schwer ausgeprägt ist, und ganz besonders dann, wenn Komorbiditäten mit Indikation für eine bestimmte Medikation vorliegen. In solchen Situationen kann es hilfreich sein, Medikamente gezielt in einen umfassenderen Behandlungsansatz einzubinden.

Bislang gibt es keine speziell für das pathologische Horten zugelassenen Medikamente. Aufgrund der Verwandtschaft zu den Zwangsstörungen sind aber die pharmakotherapeutischen Ansätze, die dort eingesetzt werden, als Optionen auch beim Horten interessant. Studien untersuchen daher im Wesentlichen moderne Antidepressiva, d. h. selektive Wiederaufnahmehemmer von Serotonin, teils auch in Kombination mit Noradrenalin (SSRI, SSNRI). der Einsatz von SSRI oder SSNRI ist insbesondere bei komorbiden Störungen mit entsprechender Indikation nachvollziehbar (z. B. Zwangsstörung, Angststörung, Depression).

Die Ergebnisse zu den SSRI und SSNRI (vor allem in retardierter Form) sind vorsichtig optimistisch zu werten. Bei *einigen Patient*innen konnte eine Besserung des Hortens erreicht werden. Vor allem aber Unsicherheit beim Entscheiden und Grübelneigung scheinen sich zu bessern, Fähigkeit zur Organisation, und natürlich komorbide Depression (Saxena & Maidment 2004). Die Kehrseite ist, dass ähnlich wie bei Zwangsstörungen relativ hohe Dosen der Medikamente nötig sind, um klinisch relevante Effekte zu erzielen (verglichen mit den bei Depressionen üblichen Dosierungen). Dies wiederum bringt mehr Nebenwirkungen mit sich, was die Abwägung zwischen Nutzen und Risiko beeinflusst (Saxena et al. 2007).

> **SSRI bei pathologischem Horten: Hohe Dosen notwendig**
> Was bei Zwangsstörungen lange bekannt ist, scheint sich bei anderen Störungen aus dem Zwangsspektrum zu bestätigen: Auch bei pathologischem Horten sind gemessen an der Behandlung von Depressionen deutlich höhere Dosierungen der SSRI notwendig, um klinisch relevante Effekte zu erzielen. Dies geht jedoch mit mehr Nebenwirkungen einher, als es bei moderaten Dosen üblich ist.

Trotz einzelner vielversprechender Befunde ist die Datenlage zur pharmakologischen Behandlung des pathologischen Hortens weiterhin begrenzt. Es gibt keine eindeutige wissenschaftliche Evidenz für die Pharmakotherapie, zudem die vorhandenen Studien durch geringe Stichprobengrößen und heterogene Designs eingeschränkt belastbar sind (Piacentino et al., 2019).

Pharmakotherapie: realistische Einordnung
Für pathologisches Horten ist die Studienlage für Medikamente insgesamt überschaubar, sodass keine belastbare Evidenz vorliegt. Einzelne Befunde (z. B. zu SSRI oder SSNRI) sind vorhanden, aber keine Medikation gilt als alleinige evidenzbasierte Standardbehandlung. Pharmakotherapie kann dann sinnvoll sein, wenn komorbide Störungen mit Indikation für Medikamente vorliegen (Tab. 5.1).

Tab. 5.1 Medikamentöse Behandlungsansätze bei pathologischem Horten

Wirkstoff	Wirkstoffklasse	Studienbefund	Risiken / Nebenwirkungen
Paroxetin	SSRI	Moderate Wirksamkeit bei hoher Dosierung (Saxena et al. 2007, S. 481)	Schlafstörungen, sexuelle Dysfunktion, Gewichtszunahme
Fluoxetin	SSRI	Einzelfallberichte; Wirksamkeit unklar (Kancherla 2022, e25645)	Unruhe, Übelkeit, emotionale Abflachung
Venlafaxin XR	SSNRI	Signifikante Reduktion von Hortsymptomatik (Saxena & Maidment 2004)	Übelkeit, Schwitzen, erhöhter Blutdruck, Entzugssymptome bei Absetzen
Citalopram	SSRI	Kaum belegte Wirkung; ggf. hilfreich bei Komorbidität (Mataix-Cols et al. 2010, S. 561)	Kopfschmerzen, Unruhe, Suizidalität (besonders bei jungen Erwachsenen)
Keine Medikation (nur CBT)	–	Nachweislich wirksam bei langfristiger Anwendung (Steketee und Frost 2013, S. 36–41)	Keine pharmakologischen Nebenwirkungen

(vgl. Saxena et al. 2007, S. 481; Kancherla 2022, e25645; Saxena & Maidment 2004; Mataix-Cols et al. 2010, S. 561; Steketee und Frost 2013, S. 36–41)

5.3   Langzeiteffekte von Behandlungen und langfristige Prognose

Das Rückfallrisiko für pathologisches Horten nach einer Therapie ist hoch. Viele Betroffene haben nach abgeschlossener kognitiver Verhaltenstherapie noch immer eine sehr ambivalente Haltung gegenüber dem Horten (Steketee und Frost 2013). Der langfristige Erfolg hängt zudem davon ab, ob die gelernten Strategien tatsächlich in den Alltag integriert werden und ob es gelingt, zusätzliche Belastungen wie Stress, soziale Isolation oder emotionale Krisen zu verringern.

Ein zentrales Problem dabei: Pathologisches Horten ist keine kurzfristige Störung, sondern entwickelt sich oft über viele Jahre hinweg. Die dahinterliegenden Denkmuster, etwa über den Wert von Gegenständen, das Festhalten an Dingen oder die Schwierigkeiten bei Entscheidungen, sind daher tief verankert (Tolin et al. 2015). Erschwerend kommt dazu, dass aufgrund von Schamgefühlen viele Betroffene erst spät im Krankheitsverlauf eine Therapie aufsuchen. Selbst wenn die Therapie greift, können belastende Lebensereignisse wie z. B. ein Todesfall oder das Gefühl, allein zu sein, ausreichen, um alte Gewohnheiten wiederzubeleben (Tompkins 2011).

In einer Langzeitstudie von Tolin et al. (2015) zeigte sich, dass etwa ein Drittel der behandelten Personen innerhalb von zwölf Monaten nach Therapieende erneut in alte Verhaltensmuster zurückfiel. Besonders häufig betroffen waren Personen, die ihre Erkrankung nur begrenzt als solche anerkannten (Horten mit wenig Einsicht) oder nach der Therapie keine weiterführende Unterstützung erhielten. Tolin et al. (2015) betonen daher, wie wichtig eine strukturierte Nachsorge ist. Gerade niedrigschwellige Hilfsangebote können dabei helfen, die therapeutisch erzielten Erfolge langfristig zu stabilisieren.

Hinzu kommt, dass die erzielten Verbesserungen in vielen Fällen eher moderat ausfallen. Zwar belegen zahlreiche Studien, dass sich das Hortverhalten im Verlauf der Behandlung reduziert, jedoch ist diese Reduktion selten mit einer vollständigen Remission gleichzusetzen. In vielen Fällen bleiben sogenannte Restsymptome bestehen, die das Risiko für Rückfälle auf lange Sicht deutlich erhöhen können (Muroff et al. 2014).

Positiv hervorzuheben ist, dass regelmäßige Nachsorgetermine und eine langfristige therapeutische Begleitung, auch in Form von telefonischem Coaching oder Online-Support, die Rückfallrate deutlich senken können. In der Praxis hat sich gezeigt, dass insbesondere strukturierte Nachsorgeprogramme, die auf die Stärkung exekutiver Funktionen und die Förderung der Alltagsorganisation abzielen, einen nachhaltigen positiven Effekt haben (Steketee und Frost 2013).

Insgesamt stellt pathologisches Horten auch nach erfolgreicher Behandlung eine langfristige Herausforderung dar. Die Chronizität der Störung, kognitive Verzerrungen und das oft fehlende soziale Unterstützungsnetzwerk machen Rückfälle möglich. Für einen nachhaltigen Therapieerfolg sollte ein langfristig angelegtes, individualisiertes und flexibles Versorgungskonzept angeboten werden, das neben der Symptomreduktion auch auf Alltagsbewältigung und Rückfallprävention fokussiert.

Was Sie aus diesem *essential* mitnehmen und lernen können

- Pathologisches Horten ist keine „Unordnung" und kein Charakterfehler, sondern ein klinisch relevantes Störungsbild mit typischen Kernmerkmalen (Trennungsschwierigkeiten, Anhäufung/Überfüllung, deutliche Funktionsbeeinträchtigung). Häufige Folgen sind Scham, Rückzug und soziale Isolation.
- Sie verstehen, wie sich die Diagnose fachlich entwickelt hat und heute eingeordnet wird. Im ICD-10 ohne eigene Kategorie, im ICD-11 als pathologisches Horten mit spezifischen Kriterien (6B24) sowie die DSM-5-Einordnung seit 2013, inklusive der Rolle von Einsicht und Schweregrad (DSM-5).
- Sie wissen, wie Diagnostik in der Praxis funktioniert. Klinische Exploration als Basis, ergänzt durch strukturierte Verfahren und Skalen, idealerweise mit Blick auf das Wohnumfeld. Sie erhalten Kenntnisse um wichtige Differenzialdiagnosen und Komorbiditäten zu bedenken und in die Behandlungsprogramme ggf. zu integrieren.
- Sie bekommen ein belastbares Erklärungsmodell, warum pathologisches Horten entsteht und bestehen bleibt. Das beinhaltet eine multikausale und biopsychosoziale Ätiologie.
- Sie kennen Daten zu Epidemiologie und Verlauf der Störung.
- Sie nehmen ein realistisches Bild aktueller Behandlungsansätze mit. Sie kennen die Evidenz für KVT-Programme und die Bedeutung von spezifischen Weiterentwicklungen. Insbesondere sind sie sensibilisiert für Motivation fördernde und multiprofessionelle Ansätze.
- Pharmakotherapie haben Sie als ergänzende Option kennen gelernt, die vor allem bei Komorbidität Sinn macht (begrenzte Evidenz, unter anderem für SSRI/SSNRI).

Literatur

American Psychiatric Association. (2022). Diagnostic and statistical manual of mental disorders (5th ed., text rev.; DSM-5-TR). American Psychiatric Association.

American Psychiatric Association. (2013). *Diagnostisches und Statistisches Manual Psychischer Störungen DSM-5*. Deutsche Ausgabe. Göttingen: Hogrefe.

American Psychiatric Association. (1994). Diagnostic and statistical manual of mental disorders (4th ed.). American Psychiatric Association.

Ayers, C. R., Saxena, S., Golshan, S., & Wetherell, J. L. (2010). Age at onset and clinical features of late life compulsive hoarding. International journal of geriatric psychiatry, 25(2), 142–149.

Belk, R. W. (1988). Possessions and the extended self in consumer behavior. Journal of Consumer Research, 15(2), 139–168.

Bodryzlova, Y., Audet, J.-S., Bergeron, K. & O'Connor (2019). Group cognitive-behavioural therapy for hoarding disorder: Systematic review and meta-analysis. *Health Soc Care Community*, 2019, 27, S. 517–530.

Bratiotis, C., Schmalisch, C., & Steketee, G. (2011). *The hoarding handbook: A guide for human service professionals*. Oxford University Press.

Chasson, G. S., Hamilton, C. E., Luxon, A. M. et al. (2020). Rendering promise: Enhancing motivation for change in hoarding disorder using virtual reality. *Journal of Obsessive-Compulsive and Related Disorders*, Volume 25, April 2020, 100519.

Corrigan, P. W., & Watson, A. C. (2002). Understanding the impact of stigma on people with mental illness. World psychiatry : official journal of the World Psychiatric Association (WPA), 1(1), 16–20.

David, J., Crone, C. & Norberg, M. M. (2021). A critical review of cognitive behavioural therapy forhoarding disorder: How canwe improve outcomes? *Clin Psychol Psychother.* 2021, S. 1–20.

Dettmering, P., & Pastenaci, R. (2013). Messies: Sucht und Zwang zum Horten. Klett-Cotta.

Fernández de la Cruz, L., Rydell, M., Runeson, B., D'Onofrio, B. M., Brander, G., Rück, C., Lichtenstein, P., & Mataix-Cols, D. (2017). Hoarding disorder: A systematic review of the literature. Psychiatry Research, 252, 65–74.

Frommhold, K. (2006). Zwang und Schizophrenie. Eine kritische Literaturübersicht. *Fortschr Neurol Psychiat* 2006; 74, S. 32–48.

Frost, R. O. & Hartl, T. L. (1996). A cognitive-behavioral model of compulsive hoarding. *Behaviour Research and Therapy, 34*(4), 341–350.

Frost, R. O., Steketee, G., & Grisham, J. (2004). Measurement of compulsive hoarding: Saving Inventory-Revised. Behaviour Research and Therapy, 42(10), 1163–1182.

Frost, R. O., Steketee, G., Tolin, D. F., & Renaud, S. (2008). Development and validation of the Clutter Image Rating. Journal of Psychopathology and Behavioral Assessment, 30(3), 193–203.

Frost, R. & Steketee, G. (2010). Stuff: Compulsive Hoarding and the Meaning of Things. Boston, New York: Houghton Mifflin Harcourt.

Frost, O., Tolin, D. F. & Steketee, G. (2011). Diagnosis and Assessment of Hoarding Disorder. Annual Review of Clinical Psychology, April 2011, 8(1), S. 219–242.

Frost, R. O., Steketee, G., & Tolin, D. F. (2011). Insight-Related Challenges in the Treatment of Hoarding. *Cognitive and Behavioral Practice,* 18(2), 150–157.

Gil-Hernández, D., McCarthy, E., Avanesyan, T., Mukunda, P., Ortiz, M., Frost, R. O. (2025). Suicidal thoughts and behaviors in adults with hoarding disorder. *Comprehensive psychiatry, 136*, 152539.

Grisham, J. R., Frost, R. O., Steketee, G., Kim, H. J., & Hood, S. (2006). Age of onset of compulsive hoarding. Journal of Anxiety Disorders, 20(5), 675–686.

Hwang, J. P., Tsai, S. J., Yang, C. H., Liu, K. M., & Lirng, J. F. (1998). Hoarding behavior in dementia. A preliminary report. The American journal of geriatric psychiatry : official journal of the American Association for Geriatric Psychiatry, 6(4), 285–289.

Hölzel, L. & Berger, M. (Hrsg.). (2024). ICD-11 – Psychische Störungen: Innovationen und ihre Bewertung. Springer.

Joffe, A. R., & Elliott, A. (2023). Long COVID as a functional somatic symptom disorder caused by abnormally precise prior expectations during Bayesian perceptual processing: A new hypothesis and implications for pandemic response. *SAGE Open Medicine, 11*, 1–29. https://doi.org/10.1177/20503121231194400

Kancherla N, Garlapati S, Sowkhya P, et al. (2022). A Case of Coexisting Depression and Hoarding Disorder. *Cureus* 14(6): e25645.

Kerryne Chia, Dave S. Pasalich, Daniel B. Fassnacht, Kathina Ali, Michael Kyrios, Bronte Maclean, Jessica R. Grisham, Interpersonal attachment, early family environment, and trauma in hoarding: A systematic review, Clinical Psychology Review, Volume 90, 2021, 102096, ISSN 0272-7358, https://doi.org/10.1016/j.cpr.2021.102096.

Kessler, R. C., Chiu, W. T., Demler, O., & Walters, E. E. (2005). Prevalence, severity, and comorbidity of 12-month DSM-IV disorders in the National Comorbidity Survey Replication. Archives of General Psychiatry, 62(6), 617–627.

Külz, A. (2021). Pathologisches Horten als neue Diagnose in der ICD-11: Charakteristika und Behandlung. *Psychotherapeutenjournal* 2/2021, S. 126–133.

Ludot-Gregoire, M., Harf, A., Ibrahim, N., Merlo, M., Hassler, C., Rietsch, J., de Bucy, C., Lefevre, H., Sibeoni, J. & Rose Moro, M. (2022). Bodily expression of psychological distress in adolescents: a qualitative study. *Child and Adolescent Psychiatry and Mental Health* (2022) 16:40 https://doi.org/10.1186/s13034-022-00476-9.

Mataix-Cols, D., Pertusa, A., & Snowdon, J. (2010). Hoarding disorder: A new diagnosis for DSM-V? *Depression and Anxiety*, 27(6), 556–572.

Müller, A., Crosby, R. D., Frost, R. O. & Leidel, B. (2009). Fragebogen zum zwanghaften Horten (FZH) – Validierung der deutschen Version des Saving Inventory-Revised. *Verhaltenstherapie*, November 2009, 19(4), S. 243–250.

Muroff, J., Steketee, G., Frost, R., & Tolin, D. (2014). **Group cognitive-behavioral therapy for hoarding disorder: An open trial.** *Behaviour Research and Therapy*, 55, 60–65.

Nordsletten, A. E., Reichenberg, A., Hatch, S. L., Fernandez de la Cruz, L. Pertusa, A., Hotopf, M. & Mataix-Cols, D. (2013). Epidemiology of hoarding disorder. *The British Journal of Psychiatry* (2013) 203, 445–452.

Nordsletten, A. E., Fernández de la Cruz, L., Pertusa, A., Reichenberg, A. Hatch, S. L. & D. Mataix-Cols. (2013). The Structured Interview for Hoarding Disorder (SIHD): Development, usage and further validation. *Journal of Obsessive-Compulsive and Related Disorders*, Volume 2, Issue 3, July 2013, S. 346–350.

Patoilo, M. (2023). Using Motivational Interviewing to Treat Hoarding Symptoms in a Rural-Dwelling Older Adult: A Case Study. *The American Journal of Geriatric Psychiatry,* Volume 31, Issue 3, Supplement, March 2023, S. S29–S30.

Pertusa, A., Nordsletten, A. E., Fernández de la Cruz, L., & Mataix-Cols, D. (2013). The Structured Interview for Hoarding Disorder (SIHD), S. 2–10. https://rucklab.com/wp-content/uploads/2012/03/sihd-v2_updated.pdf

Piacentino, D., Pasquini, M., Cappelletti, S., Chetoni, C., Sani, G., & Kotzalidis, G. D. (2019). Hoarding disorder and its cognate conditions: A comprehensive review. Current Neuropharmacology, 17(8), 808-815. https://doi.org/10.2174/1570159X17666190124153048

Plana-Ripoll, O., Pedersen, C. B., Holtz, Y., Benros, M. E., Dalsgaard, S., de Jonge, P., Fan, C. C., Degenhardt, L., Ganna, A., Greve, A. N., Gunn, J., Iburg, K. M., Kessing, L. V., Lee, B. K., Lim, C. C. W., Mors, O., Nordentoft, M., Prior, A., Roest, A. M., Saha, S., & McGrath, J. J. (2019). Exploring Comorbidity Within Mental Disorders Among a Danish National Population. JAMA psychiatry, 76(3), 259–270.

Postlethwaite, A., Kellett, S. and Mataix-Cols, D. (2019) Prevalence of hoarding disorder: A systematic review and meta-analysis. *Journal of Affective Disorders*, 256, S. 309–316.

Rodgers, N., McDonald, S. & Wootton, B. M. (2021). Cognitive behavioral therapy for hoarding disorder: An updated meta-analysis. *Journal of Affective Disorders* 290 (2021), S. 128–135.

Rodriguez, C. I., & Simpson, H. B. (2022). Hoarding disorder: Clinical features and treatment. Psychiatric Clinics of North America, 45(2), 255–270.

Samuels, J. F., Bienvenu, O. J., Pinto, A., Fyer, A. J., McCracken, J. T., Rauch, S. L., Murphy, D. L., Grados, M. A., Greenberg, B. D., Knowles, J. A., Piacentini, J., Cannistraro, P. A., Cullen, B., Bienvenu, O. J., III, & Nestadt, G. (2008). Hoarding in obsessive-compulsive disorder: Results from a family study. Behaviour Research and Therapy, 46(10), 1148–1155.

Saxena, S., & Maidment, K. M. (2004). Treatment of compulsive hoarding. Journal of Clinical Psychology, 60(11), 1143–1154.

Saxena, S. (2008). Neurobiology and treatment of compulsive hoarding. *CNS Spectrums, 13*(S14), 29–36.

Saxena, S., Brody, A. L., Maidment, K. M., & Baxter, L. R. (2007). Paroxetine treatment of compulsive hoarding. *The American Journal of Psychiatry*, 41, (6), S. 481–487.

Steketee, G., & Frost, R. O. (2013). *Treatment for Hoarding Disorder: Therapist Guide*. Oxford University Press.

Steketee, G. & Frost, R. O. (2013). Treatment for Hoarding Disorder: Appendices. Hoarding Rating Scale (HRS). *Oxford Clinical Psychology.* Oxford University Press. https://watermark.silverchair.com/med-9780199334964-interactive-pdf-003.pdf

Taylor, J. K., Theiler, S., Nedeljkovic, M., & Moulding, R. (2019). A qualitative analysis of emotion and emotion regulation in hoarding disorder. Journal of clinical psychology, 75(3), 520–545.

Theißen, V. & Bojack, B. (2009). *Messie-Syndrom – Desorganisationsproblematik.* Hochschule Wismar.

Tolin, D. F., Kiehl, K. A., Worhunsky, P., Book, G. A., & Maltby, N. (2009). An exploratory study of the neural mechanisms of decision making in hoarding disorder. *Psychological Medicine, 39*(2), 325–336.

Tolin, D. F., Frost, R. O., & Steketee, G. (2010). A brief interview for assessing compulsive hoarding: The Hoarding Rating Scale-Interview. Psychiatry Research, 178(1), 147–152.

Tolin, D. F., Frost, R. O., Steketee, G., & Muroff, J. (2015). *Cognitive behavioral therapy for hoarding disorder: A meta-analysis. Depression and Anxiety*, 32(3), 158–166.

Tolin, D. F., Frost, R. O., Steketee, G., Gray, K. & Fitch, K. E. (2008). The economic and social burden of compolsive hoarding. *Psychiatry research*, 160 (2), S. 200–2011.

Tolin, D. F., & Villavicencio, A. (2011). Inattention, but not OCD, predicts the core features of hoarding disorder. Behaviour research and therapy, 49(2), 120–125.

Tompkins, M. A. (2011). *Working With Families of People Who Hoard: A Harm Reduction Approach.* In: Steketee, G., & Frost, R. O. (Eds.), *Hoarding and Acquiring: Therapist Guide.* Oxford University Press.

Twohig, M. P., Hayes & Levin, M. P. (2017). Acceptance and commitment therapy as a treatment for anxiety and depression. *Psychiatric Clinics of North America*, 40(4), S. 751–770.

Volkan, K. (2021). Hoarding and Animal Hoarding: Psychodynamic and Transitional Aspects. *Psychodynamic Psychiatry* 49(1), S. 24–47.

WHO (1992). The ICD-10 classification of mental and behavioural disorders: Clinical descriptions and diagnostic guidelines. World Health Organization.

Woody, S. R., Kellman-McFarlane, K., & Welsted, A. (2014). *Review of cognitive performance in hoarding disorder.* Clinical Psychology Review, 34(4), 324–336.

Zubin, J., & Spring, B. (1977). Vulnerability: A new view of schizophrenia. *Journal of Abnormal Psychology, 86*(2), 103–126. https://doi.org/10.1037/0021-843X.86.

MIX
Papier aus verantwortungsvollen Quellen
Paper from responsible sources
FSC® C105338

If you have any concerns about our products,
you can contact us on
ProductSafety@springernature.com

In case Publisher is established outside the EU,
the EU authorized representative is:
Springer Nature Customer Service Center GmbH
Europaplatz 3, 69115 Heidelberg, Germany

Printed by Libri Plureos GmbH
in Hamburg, Germany